흔들리지 않는

공 부
멘 탈
만들기

움직이는
서재

과거와 현재와
미래를 연결시키는
지식 창고

책과 함께 있다면 그곳이 어디이든 서재입니다.
집에서든, 지하철에서든, 카페에서든 좋은 책 한 권이 있다면 독자는 자신만의 서재를 꾸려서 지식의
탐험을 떠날 수 있습니다. 좋은 책이란, 시대와 세대를 초월해 지식과 감동을 대물림하고, 다양한 연
령들의 소통을 가능케 하는 힘이 있습니다. 움직이는 서재는 공간의 한계, 시간의 장벽을 넘어선 독서
탐험의 동반자가 되겠습니다.

흔들리지 않는

공부
멘탈
만들기

김상운 지음

왓칭으로 만나는 기적의 결과

Intro

Contented
Happy
DELIGHTED
Thankful
INTERESTED
Joyful CALM
EXCITED
SATISFIED
Relax

내 마음을 들여다보는
'왓칭 Watching'으로
마인드 컨트롤을 하자

2016년 리우 올림픽 금메달리스트 박상영 선수가
'기적의 역전승'을 이뤄내기 전
잠시 눈을 감고 마인드 컨트롤을 하는 장면입니다.
아주 짧은 시간이었지만, 마인드 컨트롤 이후
그동안 보이지 않았던
상대의 약점이 보였답니다.

리우 올림픽을 통해 '기적의 아이콘'이 된
펜싱의 박상영 선수는
아무리 많은 연습과 훈련을 했더라도
마인드 컨트롤에 실패하면 좋은 결과를
얻지 못한다는 것을 잘 알고 있었어요.
그래서 올림픽에 갈 때도 《왓칭》 책을
들고 갈 만큼 마인드 컨트롤에 적극적이었습니다.

2016년 리우 올림픽에서 '올림픽 3연패'라는
새로운 역사를 쓰게 된 진종오 선수.
'사격 황제'라는 별칭이 잘 어울리는
진종오 선수가
지난 2012년 런던 올림픽 결선 경기 시작 전
마인드 컨트롤에 들어간 사진입니다.
그는 이 경기에서 승리하여
올림픽 2연패라는 쾌거를 이뤘습니다.
진종오 선수 역시 2012년 런던 올림픽 경기에서
'왓칭'이 많은 도움이 되었다고 했습니다.
진종오 선수가 보여주는 놀라운 성과는
그의 멘탈이 '지금 이 순간'을 벗어나지 않기 때문에
가능한 것입니다.
그는 교통사고 후유증으로 어깨 기능이 좋지 않습니다.
그런데 사격 경기는 예선, 본선, 결선까지
잇달아 60발을 쏴야 합니다.
그러나 그는 60발을 이어서 생각하지 않습니다.
60발을 쏜다고 생각하면 부실한 어깨가
먼저 걱정이 되기 때문입니다.

그런데 걱정을 하게 되면
멘탈이 '지금 이 순간'에 있지 못하고
아직 오지 않은 순간, 즉 미래로 달아나 버리지요.
그때부터 멘탈은 흔들리기 시작합니다.

그래서 그는 한 발이 처음이자 끝이고,
또 한 발이 처음이자 끝이라 생각합니다.
이미 쏜 한 발에 대해서도 잘 쐈든 못 쐈든
생각하지 않습니다.
그래서 실수가 나와도 흔들리지 않습니다.
그렇게 그는 60발을 쏩니다.
그의 멘탈은 과거에 가 있거나
미래에 가 있지 않고
'지금 이 순간'에 있는 것입니다.

그렇다면 이렇듯
세계 최고의 기량을 갖춘 선수들이
왜 '왓칭'을 하는 걸까요?
'왓칭'을 통해 자신의 마음속을
깊게 들여다볼 수 있기 때문이에요.
그러면 마음의 잔물결까지도 보이거든요.
그 물결조차 가라앉는 고요의 순간에 이른다면
내가 원하는 바가 그대로 현실에서
일어나기 때문입니다.

입시를 위한
마인드 컨트롤도
이와 다르지 않아요.

'왓칭'을 통해 마음속을 깊게 들여다보고,
또 마음의 잔물결이 없어지는 순간이 오면
지금 공부하는 내용이 선명하게 보이고
이미 공부한 내용들도 또렷하게 기억됩니다.

'왓칭'을 통한 마인드 컨트롤 법

1 '내 마음속엔 지금 어떤 생각이 있지?' 하
   고 가만히 들여다본다. 들여다보면 생각
   이 사라진다.

2 다른 생각이 또 떠오르면 똑같은 방법으
   로 공간 속을 들여다본다. 그럼 또 사라
   진다.

3 생각이 사라지면 '다음 생각은 어디서 떠
   오를까' 하고 주시한다. 텅 빈 공간이 계
   속된다.

4 텅 빈 공간은 백지와 같다. 백지에 쓰여
   지는 건 저절로 저장된다.

ANGRY

PAINFUL

Scared

ANGUISHED

Panic BORED

PUZZLED

LONELY

Sad

ABSURD

멘탈 ^{Mental} 이란?

마음. 정신을 가리키는 영어적 표현.

그. 런. 데.

우리나라 학생들이
인터넷에서 소통하는
'멘탈'이란 개념은
조금 다르게 쓰입니다.

'마음력'이나 '정신력'을 지칭하는데,
마음이 흔들리지 않는 상태, 평상심을
유지하는 상태를 뜻하는 것으로요.

약한 쪽으로는 유리 멘탈, 두부 멘탈이라는 표현을
많이 사용하고,
잘 부서지는 과자를 뜻하는 쿠크다스 멘탈,
종이 멘탈이라 하기도 합니다.
강한 쪽으로는 멘탈 갑, 강철 멘탈, 티타늄 멘탈이라는
표현을 쓰기도 하고요.
또한 멘탈이 흔들릴 때는
'깨지다' '가루가 되다'라는 동사와 함께
'멘탈이 깨지다' '멘탈이 가루가 되다' '멘탈이 털리다'라는
표현을 쓰기도 합니다.
가장 이상적인 상태는 '멘탈의 금의환향'입니다.
나갔던 멘탈이 강하게 돌아왔다는 의미입니다.

'공부 멘탈'이란?
공부를 받아들일 수 있는 마음 상태.

공부 멘탈이 중요한 것은
공부를 해야 하는 사람이라면 모두 알고 있습니다.
이를 학술적인 문장으로 표현한다면
'정서가 지속적인 학습을 지배하기 때문'이고,
이를 좀 쉽게 풀면
'지속적인 학습, 즉 공부가 정서의 지배를 받기 때문'입니다.

이번에는 인터넷 소통 방식으로 '공부하다'에 대해
정의를 해봅시다.

공부하다. (동사)

근처에 교과서나 참고서 등을 펼쳐둔 채 카톡을 하고
군것질을 하면서 TV를 보는 행위.

학생들에게 질문해보면,

사실 공부 스트레스는 공부하고 있을 때가 아니라

공부를 해야 하는데 하고 있지 않거나

공부를 하고 있긴 하지만,

제대로 하지 않을 때 가장 심하게 발생된다 합니다.

이럴 때 공부 멘탈은 깨지거나, 털리거나, 가루가 되겠죠?

그렇다면
'멘탈', 즉 '마음'은
도대체 어디에 있을까요?

사진 이미지 속에는 한 여성이 있어요.

이 여성은 지금 반려견과 산책 중입니다.

그런데 여성을 둘러싼 투명한 공간이 보입니다.

이게 뭔지 궁금하죠?

사실 육안으로는 보이지 않는 공간이에요.

하지만 고성능 에너지장 카메라로 촬영하면 보이거든요.

여러 겹의 빛의 공간이요.

좀 더 가까이 찍은 사진을 봅시다.

에너지장 카메라로 촬영한 사진이에요.
몸 바깥에 빛의 공간이 보입니다.

최근 영국에서 개발된 PIP 스캐너라 부르는
디지털 에너지장 카메라로 촬영한 사진이에요
(PIP란 Ploycontrast Interference Photography, 다층대조간섭사진술의
축약입니다).
여기서도 사람을 둘러싼 빛의 공간이 보입니다.

우리 몸은 넓은 공간이 둘러싸고 있습니다.

누구나 이 공간 속에 들어가 있지요.

이 공간이 곧 내 마음의 공간, 즉 멘탈의 공간입니다.

이 공간은 사진처럼 빛으로 이루어져 있어요.

내가 어두운 생각을 품으면

빛의 색깔이 어두워져서 닫힌 공간이 됩니다.

반대로 밝은 생각을 품고 있으면

빛의 색깔이 밝아져서 환하게 열린 공간이 되지요.

그렇다면
내 멘탈의 공간을
환하고
항상 열려 있도록 하려면
어떻게 해야 할까요?

PART 2
책상 위의 공부 내비게이션

PART 3
'왓칭'으로 공부 멘탈을 단단하게

유리 멘탈을 버리고 강철 멘탈을 갖고 싶다면

지금 저와 함께 야구 배팅연습을 해봅시다. 물론 상상으로 하는 것이죠. 저는 공을 던지는 투수이고, 여러분은 타자입니다. 그런데 타자, 이걸 어쩌죠? 열심히 방망이를 휘두르고 있긴 하지만 연신 헛스윙만 날리고 있네요.

그렇다면 지금 바짝 긴장한 거예요. 공을 꼭 치고 말겠다는 생각이 가득 들어차 있네요. 긴장을 풀어야겠어요. 긴장은 어떻게 해야 풀릴까요? 공을 꼭 치고 말겠다는 그 생각을 놓아야만 풀려요. 지금 긴장이 들어가 있다는 것은 '내게 오는 공을 반드시 잘 쳐야 할 텐데…' 하고 다가올 순간을 걱정하고 있다는 겁니다. 내 마음이 지금 이 순간에 있지 않고 미래 시점에 가 있는 거지요. 그렇게 긴장이 들어가 있으면 반사신경과 근육이 굳어져서 뇌에서 내리는 명령을 몸이 제대로 따르지 못해요. 그러니 계속 헛스윙이 나올 수밖에요.

그럼, 이렇게 해봅시다.

제가 지금부터 공을 스무 번 던질 테니 공이 어떻게 지나가는지 잘 살펴보기만 하는 겁니다. 방망이는 절대로 휘두르지 말고, 공만 자세히 보고 있어야 해요.

이렇게 공을 치겠다는 생각을 완전히 버리고 지켜보기만하면 비로소 공이 어디에서 어디로 오는지 보이기 시작합니다.

제가 또 공을 스무 번 던져 볼게요. 이번에는 마음속으로 쳐 보는 겁니다. 방망이가 공의 한가운데를 친다고 상상하는 거지요. 이렇게 몇 번 반복해서 연습을 마친 뒤에 실제로 한번 쳐보면 상황이 완전히 달라집니다. 공이 척척 잘 맞을 거예요.

지금 우리가 상상으로 해본 야구 배팅훈련을 통해 우리는 약한 멘탈을 강하게 훈련할 수가 있어요. 이 훈련의 핵심은 공을 치겠다는 생각을 버리고, 공이 어떻게 지나가는지를 잘 살펴보는 일입니다. '공을 치겠다는 생각을 버리는 것'이 가장 중요해요. 그다음에는 공을 치긴 치는데, 잘 쳐야겠다는 생각이 마음속에 들어옵니다. 그런데 문제는 공을 잘 치겠다는 생각이 가득 차게 되면 조금 전까지 잘하던 사람도 그때부터 실수가 나옵니다.

제가 경험한 일도 그에 딱 맞는 사례예요.

몇 해 전 일이었어요. 국가정보원의 초청으로 주요 언론사 간부들과 함께 사격장을 방문하는 행사가 있었어요. 참석 인원은 저를 포함하여 총 19명이었어요. 학교로 말하자면 일종의 체험학습 같은 겁니다. 언론인들이 사격할 기회가 없으니 그런 특별한 체험을 해볼 기회를 마련해 주는 것이지요.

진행을 맡으신 사격장 사수가 권총을 나눠 주고, 모두 총 10발을 쏘는 경기에 들어간다고 설명했어요. 처음 5발은 연습 경기이고, 다음 5발은 실제 경기라고 하더군요.

"탕! 탕! 탕!"

저는 놀랍게도 처음 연습 경기 5발 모두를 표적 한가운데 명중시켰습니다. 그래서 순위가 1등이 되었어요. 군대 시절 해보고 몇십 년 동안 한 번도 해본 적이 없었는데 말이지요. 정말 신기한 일이었어요.

곧이어 사격장 사수가 말했습니다.

"자, 처음 다섯 발은 연습 경기였고요. 다음 다섯 발은 진짜 경기입니다. 성적에 따라 순위도 매길 겁니다."

참가자 19명의 성적 순위를 정하겠다는 말이었어요. 저는 잘해야겠다는 생각이 들었습니다.

'이번엔 실제 경기니까 더 잘해야지!'

그렇게 마음속에 생각이 꽉 들어차 있다 보니 권총을 잡은 제 손에도 힘이 잔뜩 들어갔습니다.

"탕!"

권총을 꽉 잡게 되니, 아까 연습 경기 때보다 발사할 때 권총이 더 심하게 움직였어요. 그러니 총알도 흔들렸겠지요. 아니나 다를까? 아까보다 더 집중해서 쏘았는데도 총알 두 발이 표적 중심부를 벗어난 거예요. 이럴 수가! 연습 경기에서는 19명 중 1등이었는데, 두 번째 실제 경기에서는 3등으로 밀렸어요. 왜 이런 차이가 났을까요?

처음 연습 사격을 시작하기 전, 진행하는 사수가 사격장 앞에서 앞으로 있을 사격 체험에 대해 여러 가지 자세한 설명을 해주었어요. 저는 설명을 들으면서 사격하는 장소와 표적 간의 거리 등 사격장의 구조를 찬찬히 살펴봤지요. 그리고 제가 권총을 잡고 발사하는 이미지도 미리 그려봤어요. 권총은 어떤 방식으로 잡을 것인지, 자세는 어떻게 할 것인지, 표적은 어떻게 겨냥할 것인지 등을 세세히 '마음의 공간' 속에서 미리 이미지로 그려본 것이죠. 이렇게 낯설고 떨리는 일도 마음의 공간 속에서 미리 세세히 그려보면 크게 떨리지 않게 됩니다. 그리고 실제로 연습 경기가 시작되자, 저는 그렸던 이미지대로 자세를 취한 뒤, 제 마음의 공간 속을 다시 한 번 가만히 들여다보았습니다. 어떤 흔들림이 남아있는지 살펴본 거죠. 마음속의 흔들림은 가만히 들여다보노라면 저절로 가라앉거든요. 거꾸로 억누르면 더욱 거세게 소용돌이칩니다.

하지만 두 번째 실제 경기에선 '이번엔 실제 경기니까 연습 경기 때보다 당연히 더 잘해야지!' 하는 생각이 마음속에 가득 찼어요. 그러다 보니 마음이 흔들렸고, 마음이 흔들리니 권총을 잡은 손도 흔들렸던 겁니다. 그래서 잠시 전까지 그렇게 잘하던 것을, 이번에는 실수를 두 번이나 했던 거예요.

리우 올림픽에서 훌륭한 경기를 보여준 골프 금메달리스트 박인비 선수는 경기가 끝난 후에 이런 말을 했어요.

"내가 퍼트를 할 때는 공도 안 보이고, 골프 클럽도 안 보여요."

박인비 선수는 원래 멘탈이 아주 강한 사람으로 평가받거든요. 그런데 대체 이게 무슨 말일까요? 올림픽 결선에 나간 골프선수가 공도 안 보이고, 골프 클럽도 안 보인다니요? 그것은 퍼트를 하기 바로 직전의 순간엔 바깥을 보지 않고 오로지 자신의 마음속만 들여다본다는 말입니다. 그 래야만 마음속의 흔들림이 가라앉거든요. 마음의 흔들림이 없으니 모두가 감탄하는 완벽한 퍼팅이 나올 수 있었겠죠.

사실 이러한 사례 속에 제가 이 책《흔들리지 않는 공부 멘탈 만들기》를 통해 하고 싶은 이야기가 모두 들어있어요.

책의 인트로를 통해 여러분은 '마음의 공간'이라는 우리 눈에 보이지 않는 공간을 알게 되었어요. 그 '마음의 공간' 을 최대한 크게 상상해 보는 겁니다. 이때 눈을 뜨고 상상 하는 게 눈을 감고 하는 것보다 더 효과적입니다. 눈을 감 고 상상하면 다른 이미지들이 어른거리기 쉽거든요. 혹시 확 트인 공간을 내다볼 수 있다면 그런 상태에서 상상하는 게 더 좋습니다.

그 공간 한가운데 수능 시험장이 있습니다. 그 시험장 안에 내가 앉아있습니다. 나를 '저 사람'으로 3인칭 객관화시키면 더욱 좋습니다. 왜냐하면 나의 시각으로 바라보면 내 감정이 개입 돼 마음의 공간이 흔들리거든요. '시험장 안에 저 사람이 앉아있다'고 상상합니다. 시험장 안을 둘러봅니다. 대략 몇 명이나 앉아있지요? 시험장 안의 구조는 어떻고요? 감독 선생님은 누구인가요? 편안한 마음으로 시험장 내부를 자세히 상상해봅니다. 이번에는 시험지를 살펴봅니다. 어떤 문제들이 나와 있나요? 내가 이미 공부한 내용들이 나와 있나요? 공부하지 않은 내용들이 나와 있어서 당황스럽나요? 그렇다면 그게 어떤 내용인가요? 다른 사람들은 제대로 답을 아는 것처럼 보이나요? 내가 선생님이라면 어떤 문제를 출제했을까요?

이제 수능 시험이 끝나고 10일쯤 지난 시점이라 설정합니다. 그 시점에서 '마음의 공간'을 들여다봅니다. 점수가 어떻게 나왔나요? 어떤 문제를 맞혔고, 어떤 문제를 틀렸나요? 다른 사람들의 점수는 어떻습니까? 만일 내일 다시 시험을 본다면 어떻게 공부하는 게 좋을까요?

이제 일 년쯤 지난 시점이라 설정하고 '마음의 공간'을 들여다봅니다. 일 년 전 치른 시험을 지금은 어떻게 기억하고 있나요? 여전히 걱정되고 불안한가요? 내일 다시 그 시험을 본다면 어떤 마음으로 볼 수 있을까요?

내가 '마음의 공간' 속에서 상상하는 미래의 이미지들은 실제로 일어나는 이미지들과 다를 수 있습니다. 하지만 그건 사실 중요하지 않습니다. 중요한 건 '마음의 공간'으로 하여금 미래에 일어날 일들을 미리 바라보도록 하는 것입니다. 눈에 보이지 않는 '마음의 공간'은 내가 하는 모든 일을 알고 있습니다. 당연히 내가 공부한 모든 것을 기억하고 있어요. 또 수능, 토익, 토플, SAT, GRE 등 모든 시험에 대한 답도 몽땅 마음의 공간 속에 들어있습니다. 그렇다고 내가 공부를 하나도 안 하면서 '마음의 공간'에서 정확한 시험 답안이 흘러나오기를 기대하는 것은 우주의 원리에 맞지 않습니다. 그건 대가 없이 공짜나 얻어 보겠다는 도둑놈 심보니까요.

여기서 중요한 건 나를 둘러싼 '마음의 공간'에 나 자신을 맡기는 일입니다. 그렇게 맡길 수 있는 사람은 절대로 멘탈이 흔들리지 않아요. 그리고 그런 사람은 내가 공부한 많은 것들이 시험 문제로 나오게 되어, 평소 실력에 비해 시험을 못 보는 일도 없습니다.

이 책은 제가 꽤 오랜 시간을 들여 연구해온,

'내가, 내 마음을 자유롭게 움직일 수 있는 방법'

에 대한 이야기입니다. 사실 사람이 태어나 이것만 제대로 된다면 사는 일이 아무것도 두려울 게 없지요. 예를 들어 공부가 내 마음대로 척척 되는데 입시 따위가 뭐 그리 겁나겠어요?

입시 준비는 걱정과 불안이 많은 일입니다. 걱정과 불안은 늘 한 세트예요. 걱정과 불안의 지배를 받으면 자신의 능력을 제대로 발휘하지 못해요. 그러면 자신감이 바닥으로 떨어지지요. 또 자신감이 없으면 더 걱정되고 더 불안해요. 그야말로 악순환의 연속입니다. 그래서 걱정과 불안에서 벗어날 방법을 알아야 입시 준비를 보다 충실히 잘할 수 있어요.

이제 이 책의 독자가 되어줄 모두에게 같은 꿈이 주어지길 기대합니다. 모두가 흔들림 없이 입시 준비를 잘 끝낸 후, 20대가 되고 30대가 되었을 때 '그때 인생의 아주 소중한 것을 알게 되었지!' 하면서 지금 이 시점을 후회 없이 돌아볼 수 있게 되는 꿈이지요. 어때요? 상상만 해도 뿌듯하지 않나요?

PART 1

괴물이 잡히면

공부도 잡힌다

사람은 누구나 인정받고 싶어 합니다.

공부를 잘하고 싶은 마음이 있는 것도 인정받고 싶기 때문이지요.

그런데 공부를 잘하고 싶은 마음만으로는 공부가 잘되질 않습니다. 왜냐하면 보통의 뇌는 공부라는 주파수를 못 찾은 라디오와 같기 때문이에요.

요즘은 스마트폰의 라디오 앱을 사용하지만 예전에는 모두 책상 위에 라디오가 하나씩 있었지요. 라디오를 빼놓고는 청소년 시절을 추억할 수 없을 정도로 모두 라디오를 끼고 살았어요. 그런데 처음 산 라디오는 주파수가 안 맞춰져 있어요. 그래서 한 채널씩 공들여 맞춰야 했지요. 주파수가 안 맞을 땐 지글지글거리기만 하고 아무 소리도 안 들립니다. 그런데 주파수를 맞춰 놓으면 기가 막히게 잘 들리지요. 공부를 잘하는 것도 이와 같습니다. 공부라는 채널에 주파수를 맞춰야 하는 거지요.

주파수가 완벽하게 잘 맞춰진 뇌를 가진 사람을 우리는 천재라고 부릅니다. 이를테면 아인슈타인 같은 경우예요. 아인슈타인이 너무 멀게 느껴진다면 가까운 곳에서 찾아볼까요? 우리 학교 전교 1등 하는 친구의 뇌도 주파수가 잘 맞춰져 있는 경우입니다. 주파수가 안 맞으면 집중을 못 하고 집중을 못 하는데 공부를 잘할 리 없거든요.

그렇다면 보통의 뇌는 왜 주파수가 안 맞춰져 있을까요? 우리 머릿속에 살고 있는 '괴물'의 지배를 받는 일이 많기 때문입니다. 그렇다면 그 괴물은 대체 어떤 존재일까요? 그 괴물을 알아보려 머릿속으로 들어가 봅시다.

내 머릿속에 뭐가 있는 걸까?

'불편한 마음'이 오는 곳

우리의 뇌는 일종의 기계 장치라고 보는 게 이해하기 쉽습니다. 또한 그 기계 장치의 회로 형태와 신호적 특성에 의해 우리 마음이 결정되는 것이지요. 그러니 자신의 뇌가 가진 회로적 특성을 알면 사용하기가 아주 편하겠지요?

사실 뇌는 태어나는 순간부터 사용하는 장치이지만, 설명서가 따로 없으니 난감하기도 합니다. 태어날 때 '너의 뇌는 이러한 회로적 특성이 있으니 이런 점을 주의해서 관리하면 평생 잘 사용할 것이다.'라는 설명서가 첨부되면 얼마나 편하겠어요?

그런데 그런 설명서가 없기 때문에 우리는 내 마음을 제대로 모르고 삽니다. 그도 그럴 것이 자신의 뇌에 대해 알지 못하는데, 어찌 마음을 알 수 있을까요? 사실 10대 청소년기의 뇌는 '입력 기능'이 가장 좋을 때입니다. 그래서 뇌 자체는 10대에 하는 공부가 버겁지 않아요. 그런데 제가 만나 본 청소년들은 몇몇을 제외하고는 '나는 공부 머리가 없어.'라고 생각하더군요. 그 말은 정확하지 않아요. **공부 머리가 없어서 공부를 못 하는 게 아닙니다. 문제는 마음이에요.**

마음이 공부를 불편하게 받아들이는 것입니다.

그렇다면 그 '불편한 마음'이 도대체 어디에서 오는지 찾아봅시다.

사례 하나.

전혀 친하지 않은 녀석이 어깨를 툭툭 치고 지나간다. 오늘이 처음은 아니다. 며칠 전부터 계속 그랬다. 의도적이다.

나보다 키도 크고 힘도 세고 공부도 잘하는 녀석이다.

화가 치솟는다.

'싫으면 한 번 덤벼 봐!' 하는 것 같다.

나는 눈을 동그랗게 뜨고 물었다.

"너 왜 쳐?"

"내가 뭘 어쨌다고?"

녀석은 서양 사람들이 하는 것처럼 어깨를 들어 올리는 포즈를 취한다.

화가 부글부글 끓어오른다.

내 머릿속에 빨간불이 켜진다.

저 자식은 새 학기 시작부터 미움에 안 들었어.

저 자식을 어쩌지?

왜 나를 무시하는 거지?

내가 저 자식한테 무시당할 짓을 했나?

아예 한판 붙는 게 나을까?

근데 나는 저 녀석에 대한 정보가 별로 없다.

일진이라는 소문은 없는 것 같은데….

붙어도 될까? 승산이 있을까? 문제만 만드는 건 아닐까?

수업은 하나도 머리에 안 들어온다.

큰일이다, 중간고사도 얼마 안 남았는데.

내가 왜 이러고 있지?

공부해야 하는데, 공부!!!

마지막 교시가 끝나고 그 녀석이 성큼성큼 걸어온다.

내 책상에 초코바를 하나 던져 준다.

"이게 뭐야?"

"당 떨어질 시간이잖아! 인마, 난 너랑 친해지고 싶어서 그런 거야."

옆에 있던 한 친구가 거든다.

"너랑 친해지고 싶다잖아!"

나는 잠시 생각해본다.

'저 자식 뭐지?'

아까까지 부글부글 끓던 화가 조금 가라앉는다.

머릿속에 켜졌던 빨간불이 일단 꺼진다.

사례 둘.

요즘 들어 공부가 머릿속에 잘 들어오지 않는다. 학원에 가서 앉아 있어도 '내가 여기 왜 있는 거지?' 하는 생각만 든다. 오늘은 친한 친구 한 명이 내게 와서 "내가 너에게 뭐 잘못한 거 있니? 나한테 화난 거 같아."라고 말했다. 특별히 누구한테 화가 난 것은 없다. 87일 사귄 남친이 카톡으로 헤어지자고 했다. '우리는 잘 안 맞는 거 같아.'라고 이별의 이유를 말했다.

사실 그게 뭐 그리 대수로운 건 아니다. 그럴 수도 있지. 내가 좀 칭얼거린 건 맞다. 그게 귀찮았던 모양이다. 이해 안 되는 것도 아니다. 다음번에는 좀 칭얼대도 귀찮아하지 않는 남친을 사귀었으면 좋겠다.

엄마 아빠가 따로 살게 되면서 내 환경이 바뀌었다. 같이 살던 빌라를 팔아서 엄마 아빠 두 분이 나눠 가졌다. 나는 엄마와 같이 산다. 엄마는 내 학교 때문에 예전 살던 집에서 멀지 않은 곳에 집을 얻었다. 엄마는 원래 직장에 다녔더래서 크게 변화는 없다. 엄마 아빠가 그동안 많이 싸웠는데 이제 싸우는 모습을 보지 않아서 더 나아졌다고 해야 할까? 그러나 부모님이 헤어지는 모습을 보며 사람의 관계에 회의감이 드는 것은 사실이다. 엄마 아빠도 사귈 땐 좋았겠지? 이렇게 헤어질 거란 생각은 전혀 하지 못했겠지?

예전에는 아빠와 싸운 엄마가 나에게 짜증을 많이 냈었다면 요즘엔 내가 딱 그렇다. 엄마가 하는 모든 말이 다 듣기가 싫어진다. 내가 엄마를 싫어하는 것도 아닌데 왜 그럴까? 내 머릿속엔 빨간불이 늘 켜져 있는 것 같다.

괴물의 탄생

우리가 인공지능이 앞으로 사람의 일자리를 빼앗지 않을까 걱정하고, 증강현실 게임을 궁금해하는 21세기 사람이

아니라, 아직 문명이 존재하지 않는 원시시대 사람이라 가
정해봅시다.

나는 가족과 함께 칠흑같이 어두운 동굴 속에서 잠을 자
고 있습니다.

"부스럭! 부스럭!"

밖에서 부스럭 소리가 납니다. 내 머리에는 순식간에 빨
간불이 켜집니다. 호랑이? 거대한 뱀? 혹은 돌도끼를 든 낯
선 원시인? 먼저 어쭙잖은 소리를 냈다간 공격받기 십상입
니다. 부스럭 소리는 점점 가까워집니다. 벌떡 일어나 가시
나무 방망이를 집어 듭니다. 부스럭 소리가 동굴 입구에까
지 들립니다. 방망이를 홱 내리칩니다.

"꽥! 꽥! 꽥…"

나는 꽥꽥거리는 소리를 따라가며 몽둥이를 마구 내리
치고 휘두릅니다. 생존을 위해서는 어쩔 수 없습니다. 멧돼
지인지, 도둑인지는 알 길이 없습니다. 항상 모든 걸 최악의
상황으로 가정해 대비해야 합니다. 자칫 방심했디간 나와
우리 가족이 먹이가 될 수 있습니다.

이렇게 '부스럭' 소리에 빨간불을 켜 내 몸이 용수철처럼 벌떡 튀어 오르게 해주는 뇌세포 덩어리가 바로 아미그달라(amygdala)입니다. 두뇌 가장 깊숙한 곳에 자리 잡고 있다가 나의 생존이 위협 받는 순간 '위험'을 가장 먼저 알려주는 비상경보장치이지요.

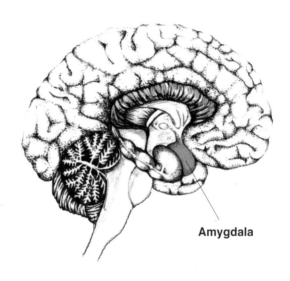

Amygdala

만약 우리가 부정적 생각을 전혀 할 수 없다면 어떻게 될까요? 굶어 죽거나 맞아 죽기 딱 좋습니다. 허기진 다른 원시인들이 내가 사는 동굴에 수시로 드나들며 애써 잡은 멧돼지를 통째로 들고 가도 '위험'을 못 느낍니다. 또 떠돌이 원시인이 깜깜한 한밤중에 들어와 내가 살고 있는 동굴을 털다가 돌도끼를 휘둘러도 '위험'하다고 생각하지 않습니다. 아미그달라가 없다면 현대사회에서도 우리는 생존하기 어렵습니다.

이런 일을 가정해봅시다.

놀이공원 입장권을 사기 위해 여러 갈래의 줄들이 길게 이어져 있습니다. 몸집 좋은 한 아줌마가 비비적거리며 슬그머니 끼어듭니다. 나는 화가 납니다.

"아줌마, 원래 이 줄에 서 있던 게 맞아요?"

아줌마가 머쓱한 표정으로 물러섭니다. 만일 우리가 이런 일을 겪어도 전혀 화가 나지 않는다면? 아마 너도나도 끼어들고 새치기가 판을 쳐서 물건을 파는 매장이나 고속도로 등이 아수라장이 될 거예요.

밖에 나갔는데 공교롭게도 불도그 한 마리가 으르렁거리고 있습니다. 그런데도 위험성을 못 느끼고 겁 없이 다가가 쓰다듬으려 합니다. 또 누군가 나의 잘못에 화를 버럭 내는데도 나는 마냥 방긋방긋 웃는다면 어찌 될까요?

과학자들이 원숭이의 아미그달라를 마비시켰더니 전에는 한사코 거부하던 낯선 음식들도 덥석덥석 받아먹었답니다. 심지어 독버섯까지 먹고 죽었던 사례도 있었어요. 아미그달라가 제거된 쥐들은 아무 겁도 없이 고양이에게 다가가 함께 놀려다 잡아먹히기도 했답니다.

그런데 이 아미그달라는 좋은 점만 있는 것은 아니에요. 성격이 좀 특별하지요. 한 번 켜지면 자동으로 꺼지지가 않습니다. 위험이 사라졌다는 신호를 보내줘야 하지요. 그 신호가 없는 한 절대로 꺼지지 않아요.

'위험은 아직 사라지지 않았어.'

이런 상태로 하루, 이틀… 한 달, 두 달… 끝도 없이 계속됩니다.

아미그달라는 우리가 매일 겪는 수백, 수천 가지의 크고 작은 상황들을 눈 깜짝할 사이에 3가지로 분류해놓는 기능이 있습니다. 유쾌한 일(pleasant), 불쾌한 일(unpleasant), 중립적인 일(neutral).

유쾌한 일이면 더 오래 즐기고 싶어 끌어당기고, 불쾌한 일이면 피하도록 합니다. 중립적인 일이면 상관하지 않아요. 아미그달라는 이 중에서 불쾌한 일에 극도로 예민합니다. 그게 언제 '위험'한 일로 바뀔지 모르니까요. 그래서 '나의 생존'을 위해 조금이라도 언짢거나 놀라운 일, 두려운 일이 생기면 무조건 '불쾌'라는 딱지를 붙이고 빨간불을 켜놓지요.

예를 들어 혼자서 어두컴컴한 골목길을 걷고 있어요. 뒤에서 뚜벅뚜벅 걸음 소리가 들려요. 소리는 점점 가까워지고 있어요. 누굴까? 위험한 사람은 아닐까?

'걸음 소리가 이상해! 날 따라오는 것 같아!'

흘낏 뒤돌아봅니다. 정장 차림의 신사예요. 정장 차림이라 마음이 조금 놓입니다. 흘낏 돌아보는 건 상황을 분류하기 위해서예요. 불쾌한 상황인지, 유쾌한 상황인지, 아니면 중립적 상황인지… 정장 차림의 신사라는 것을 확인한 아미그달라는 중립으로 분류했어요. 따라서 아미그달라의 빨간불은 일단 꺼집니다.

내가 높은 곳에 서 있다거나, 내 몸에 뭐가 스믈스믈 기어다니는 게 느껴진다거나, 혹은 갑자기 큰 소리가 들려도 빨간불이 켜지지요. '불쾌하니 주의하라'라는 빨간 경고등을 켜놓는 것입니다.

아미그달라가 '위험'이나 '불쾌'로 분류한 부정적 상황들은 좌뇌의 언어센터에 있는 에고센터(ego center)로 보내집니다. 에고센터는 이것을 받아서 계속 확대하고 재생산하지요. 그렇다고 에고센터를 욕할 수는 없어요. 하나밖에 없는 내 목숨을 지키는 쪽으로 만들어졌기 때문이에요. 아미그달라와 에고센터는 손발이 척척 맞는 단짝 친구예요. 아미그달라가 눈곱만 한 꼬투리라도 잡아 빨간불을 켜놓으면 좌뇌가 그 신호를 받아들여 온갖 부정적인 이야기를 꾸며내는 구조거든요.

우리가 시험을 앞두거나 큰 행사를 앞두고 필요 이상 떨리게 되는 이유도 여기에서 나옵니다.

영어 스피치 대회가 있는 날이에요. 한 학생이 대회에 나가기로 했어요. 아미그달라는 두뇌에게 '위험' 신호를 보내요.

'너 스피치 대회 나가지 마. 사람들이 모두 널 쳐다보고 있으면 넌 엄청나게 떨릴 거야.'

그럼에도 불구하고 학생은 영어 스피치 대회에 나가기로

해요. 그런데 에고센터가 '위험' 신호를 받아 부정적 이야기를 꾸며냅니다.

'맞아. 실수하면 그게 무슨 창피야. 넌 한 번도 이런 대회 경험이 없잖아. 그러다가 중간에 기권하게 되진 않을까?'

학생은 이런 부정적 생각을 억누르려 해요.

'아니야, 난 끝까지 잘할 수 있어!'

그러나 아미그달라가 얼른 에고센터 편을 들어요. 빨간 불을 켜놓고 온몸이 더 떨리도록 만들어요. 학생은 평소보다 5배쯤 더 떨고 있어요.

'떨지 말아야지, 떨지 말아야지, 절대로 떨면 안 돼….'

이런 부정적인 경험을 몇 번 반복하다 보면, 많은 사람 앞에 서기 어려운 무대 울렁증이 오게 되는 거예요.

저는 방송사에서 오래 일한 사람이라 카메라 울렁증이 있는 사람들을 많이 만났어요. 그런데 그분들이 아마 아미그달라와 에고센터의 존재가 있는 우리 뇌의 구조를 알았더라면 카메라 울렁증에서 빨리 벗어날 수 있었을 겁니다.

아미그달라를 체계적으로 연구한 사람은 미국 하버드대

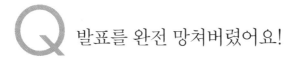

Q 발표를 완전 망쳐버렸어요!

오늘 정말 짜증 나는 일이 있었어요. 이번 조별 발표는 제가 발표자인데 애들이 모든 준비를 저한테 다 미루는 거예요. 자기들은 넘 바쁘다나요. 헐! 제가 애들한테 너무 만만하게 보인 것 같아 대박 짜증 났어요. 그런 마음으로 발표를 하려고 하니까 자신감도 없어지고 실수할까 걱정되어 떨리기만 했고요. 그런데 조원들이 그런 저를 보면서 웃는 거 같은 거예요! 그걸 보니까 더 화가 치밀어서 발표를 완전 망쳐버렸어요. 이기적인 아이들한테 화가 나고 또 발표를 제대로 못 해서 점수가 잘 안 나올까 봐 걱정돼요!

아미그달라가 빨간불을 켰네요!

정말 황당하고 힘들었겠어요. 조별 과제는 발표가 제일 중요하고 어렵기 때문에 다들 맡기 싫어하죠. 그래도 포기하지 않고 끝까지 해내서 박수를 쳐주고 싶네요.

발표 같은 긴장 상황에서 부정적인 마음은 정말 자주 생겨나요. 왜 그럴까요? 우리 머릿속에 있는 비상경보장치인 아미그달라가 이 일은 어렵고, 피하고 싶은 일이니 도망가라는 '빨간불'을 켰기 때문이에요. 그리고 이 불안한 감정을 좌뇌에 있는 에고센터가 감지하고는 부정적인 이야기를 마구 지어내면서 사실이 아닌 것을 사실처럼 만들어버리지요.

사실 친구들은 웃지 않았을 수 있고, 웃었다 해도 나 때문이 아니라 다른 이유일 수도 있어요. 또 미안해서 멋쩍은 마음에 웃었을 수도 있고요. 보이는 것이 다 진실은 아닌데 이미 빨간불이 켜졌기 때문에 부정적인 마음이 쑥쑥 자라버린 거예요.

머릿속의 '빨간불'은 조금만 달래줘도 금방 조용해집니다. 그리고 빨간불이 에고센터와 손을 잡기 전에 얼른 끄는 것이 중요해요. 에고센터에 빨간불이 접수되면 내 진심과 상관없이 부정적인 마음이 확대되거든요. 이제 아미그달라와 에고센터의 정체를 알았으니 끌 수 있어요. 정체를 알고 나면 다루는 것은 어렵지 않거든요.

의 뇌과학자인 질 테일러Jill Taylor 박사예요.

그는 자신의 연구 결과에 대해 이렇게 말했습니다.

"좌뇌에는 끊임없이 부정적 이야기만을 꾸며내는 아주 작은 세포 덩어리가 있어요. 땅콩만 한 크기의 이 세포 덩어리는 아무리 하찮아 보이는 정보 쪼가리라도 발견되면 즉시 부정적 드라마를 엮어내는 '부정적 이야기꾼'이지요. 상대방의 작은 허물만 봐도 놓치지 않고 꼬투리를 잡으려 들어요. 조금만 불리한 상황에 빠지면 과거의 온갖 부정적인 생각들을 몽땅 떠올려 우리를 우울하게 해요. 매사를 부정적인 눈으로만 해석하는 못 된 존재입니다. 그래서 우리 인생이 고통스러운 겁니다."

하버드대 뇌과학자 질 테일러 박사. 2008년 〈타임〉지는 테일러 박사를 '가장 영향력 있는 100인' 중 한 명으로 선정하였다.

테일러 박사의 연구에 의하면 우리 두뇌 세포의 99.999%는 우리가 행복하길 바라지만, 0.001%도 안 되는 세포들이 쉴 틈 없이 생각을 부정적으로 내몰고 있다고 분석했어요.

그래서 저는 이

스트레스 호르몬이 몸에 퍼지는 데는 90초 정도가 걸린다고 해요. 그런데 우리가 그 스트레스와 90초 동안 대면할 수 있다면 사라진다는 임상 실험 결과가 있습니다.

아미그달라를 '괴물'이라 부릅니다.

0.001%도 안 되는 두뇌 세포가 99.999%의 두뇌 세포를 조정할 수 있으니 괴물이 아니겠어요? 그렇다면 이 괴물이 공부와 어떤 관계가 있을까요?

아미그달라가 자주 빨간불이 켜게 되면 몸에서는 스트레스 호르몬이 나와요. 스트레스 호르몬이 평상시보다 평균 3

배쯤 급증하지요. 스트레스 호르몬이 갑자기 높아지면 학습 능력을 관장하는 두뇌 해마가 쪼글쪼글 오그라들거든요. 그러면 아무리 공부를 하려고 해도 머리에서 잘 받아들여 주지 않아요. 뇌의 주파수가 계속 교란 상태가 되어 있는 거지요.

단지 공부에서 뿐만이 아니에요. 남이 나를 평가하고 있다는 사실 자체만으로도 머릿속의 빨간불이 켜지는 사례가 많아요.

이 문제에 대해 호기심을 가진 미국의 마이클즈Michaels라는 심리학자는 비밀리에 이런 실험을 해보았답니다. 한 당구장에서 남학생들이 당구를 치고 있었어요. 이때 여학생들이 수다를 떨며 몰려왔어요. 그들은 잡담을 하며 남학생들이 당구치는 모습을 보고 있었어요.

"어이, 당구 솜씨들이 괜찮은데?"

"우리 구경이나 하다 갈까?"

그러자 당구 치던 남학생들의 표정이 두 갈래로 갈라졌답니다. 어떤 남학생들은 더욱 신이 나서 당구를 쳤고, 어떤 남학생들은 갑자기 주눅 든 표정이었대요. 신이 난 것은 평소 당구 실력이 평균 이상(300점 이상)인 학생들이었어요. 그들은 여학생들이 지켜보자 정확도가 71%에서 80%로 부쩍 높아졌답니다. 반면 당구 실력이 평균 이하(100점 이하)였던 남학생들은 점수가 더욱 형편없이 떨어졌고요.

'여학생들이 내가 못 한다고 평가하고 있어.'라는 생각에 머릿속에 빨간불이 켜지게 되니 평소의 실력보다도 안 나왔어요. 남으로부터 평가받고 있다는 생각이 부정적 감정을 만들어 머릿속에 빨간불이 켜지게 하고 그에 따라 게임의 결과도 부정적으로 만든다는 연구를 실험으로 입증했지요.

그렇다면 현실은 어떤가요? 공부는 하고 싶은데 눈을 돌려보면, 아미그달라가 빨간불 켤 일만 있는 거예요.

학교에 가면 마음에 안 드는 일은 왜 그렇게 많은지…

엄마 잔소리는 왜 그렇게 듣기 싫은지…

어른들이 하는 이야기는 왜 다 귀를 막고 싶은지…

이런 상태라면 안타깝지만 뇌의 주파수가 정확히 맞춰질 수 없고 늘 교란 상태에 있기 마련이에요.

그럼 앞으로 어떻게 해야 할까요?

공부를 제대로 해보려면 머릿속에 빨간불이 잘 안 켜지도록 '괴물'을 잘 다스려야 하겠죠? 이제 우리 같이 그 방법을 찾아 나서 봅시다.

꼬리를 잘라주면 괴물이 순해진다

믿지 마,
부정적 마음은 들쭉날쭉해

길을 가고 있는데 맞은편에 낯익은 얼굴이 눈에 들어왔어요. 전에 다니던 학원의 선생님이었어요. 늘 잘 대해 주셨기에 친하게 지내던 선생님이었지요. 반가운 미소를 지으며

가볍게 묵례를 했어요. 그런데 선생님은 나를 못 본 체하고 지나가는 거예요. 그래서 이번엔 손을 흔들었어요. 그것도 살짝 흔든 게 아니라 〈도전 골든벨〉에서 칠판 흔들 듯 세게 흔들었어요. 그런데도 선생님은 그냥 지나쳐버리시는 것 같았어요. 그래서 손나발을 만들어 거기 대고 "쌤, 어디 가세요?" 하고 소리를 질렀어요. 그런데도 그냥 지나치는 거예요.

그럼에도 불구하고, 조금 전까지 기분이 괜찮은 상태였다면 대수롭지 않게 넘어갈 수 있어요. '헐, 쌤이 이제 듣지도 못하네. 지금 이어폰 꽂고 음악에 심취해 있는 거 아냐?' 이러면서 금방 잊어버릴 수 있겠지요.

하지만 그날 공교롭게도 학교에서 단짝 친구와 말다툼을 해서 기분이 최악인 상태라면 생각이 달라질 거예요. '이젠 친하던 학원 쌤까지 날 모른 척하고 지나가는군. 학교에선 베프랑 말다툼도 했는데. 분명히 나한테 무슨 문제가 있나봐.' 이런 생각이 들면 자존심이 상하고 기운도 빠져 어깨가 축 처집니다. '그 사람들이 나빠', '난 문제가 있어', '내 성격은 왜 이 모양일까?' 하는 온갖 불필요한 부정적인 생각들이 하나둘 꼬리를 물고 피어오르게 됩니다.

'선생님이 인사를 안 받아주었다'는 동일한 상황을 어떻게 해석하느냐에 따라 내 마음 상태는 천양지차가 됩니다. 내 기분은 내 생각에 따라 움직이고, 내 생각은 내가 상황을 어떻게 해석하고 어떤 의미를 부여하느냐에 따라 달라지는 것이지요.

또 다른 사례를 봅시다.

나는 오늘 감기몸살이 너무 심해 학교에 가지 못했어요. 그런데 엄마가 볼일이 생겨 잠시 외출하셔야 한다네요. 문제는 우리 집에 늦둥이 남동생이 있다는 거예요.

"두세 시간만 막내 좀 봐줘. 엄마 빨리 일 보고 돌아올 테니까."

엄마는 내게 초등학교 1학년생 늦둥이 막내를 맡기고 외출하셨어요. 나는 막내에게 학습지를 쥐어 주며 조용히 이걸 풀고 있으라고 해놓고는 너무 졸려서 그만 잠이 들어 버렸어요. 아마 감기약 때문이었나 봐요. 한참 지난 뒤 잠에서 깬 나는 물을 마시러 주방에 가다 보니 거실 바닥이 엉망이었어요. 크레파스와 가위, 잘려진 종잇조각이 여기저기 널려 있었고, 마시다 만 우유컵에 놀다 던져둔 게임기까지 정신없이 어질러져 있었어요.

'이것이 정말! 어지럽히지 말고 놀라고 분명히 말했는데!' 나는 화가 치밀어 올랐어요. 요즘 막내가 통 내 말을 안 듣는다는 생각이 드니 더욱 화가 났어요. 단단히 혼내줘야겠다는 생각으로 막내 방에 들어갔어요. 근데 막내는 곤히 잠들어 있었어요.

'학습지는 한 장도 안 풀고 집 안을 어질러놓은 채 잠만 자다니!' 나는 막내를 깨워서 흠씬 혼내주려고 다가갔어요. 그런데 막내의 손에 종잇조각이 쥐어져 있었어요. 뭔가 싶어 슬며시 빼내 보니 이렇게 쓰여 있었어요.

누나야, 빨리 나아서 나랑 놀아.
나는 우리 누나가 제일 좋아!
♥ ♥ ♥ ♥ ♥

하트가 무려 5개! 나는 피식 웃을 수밖에요. 막내는 종이를 잘라서 누나의 쾌유를 비는 카드를 만드느라 거실을 어질렀던 것이었어요. 나는 이불을 가져다가 막내에게 덮어주곤 거실을 정리했어요.

나는 막내에 대한 작은 정보('요즘 통 말을 안 들어.')로 화가 났다가, 종이에 적힌 작은 정보('나를 위해 카드를 만들었네.')를 보곤 다시 애틋한 마음이 솟아난 거예요.

이처럼 우리 생각이란 사실과는 동떨어진 채 변덕스럽고, 뒤틀려 있고, 들쭉날쭉한 경우가 많답니다. 그래서 부정적 생각의 99%는 사실 혹은 우리의 진심과는 딴판일 수 있다는 것을 알아야 합니다.

부정적 마음은
뿌리 없는 나무와 같아

부정적 마음을 설명하기 위해 나무에 비유해 본다면, 뿌리가 없는 나무라 할 수 있습니다. 그런데도 뿌리를 내린 척 땅에 바짝 붙어 있지요. 그리고 뿌리가 있느냐고 물으면 저절로 날아가 버려요. 그래서 **부정적 마음이 마구 가지를 뻗어가며 피어오를 때는 "네 근거(뿌리)는 도대체 뭐냐?"라고 물어봐야 해요.** 그러면 부정적 마음이 정말 사그라지기 시작하지요.

이 방법을 한번 적용해봅시다.

나는 오늘 학교에서 선생님께 혼나고 무거운 발걸음으로 집에 왔어요. 저녁 식사 시간이 되자 엄마가 밥 먹으라고 불렀어요. 나는 아직 마음이 풀리지 않아서 식욕이 없었어요. 그래서 엄마에게 이렇게 말했어요.

"엄마, 오늘은 별로 입맛이 없어요. 나중에 먹을게요."

그런데 공교롭게도 낮에 이런 일, 저런 일을 바삐 처리하느라 피로가 쌓일 대로 쌓인 엄마도 얼굴을 찌푸리면서 이러시는 거예요.

"나중에 또 밥상 차려달라는 거냐? 잔소리 말고 지금 그냥 먹어!"

나는 짜증이 났어요.

"먹고 싶지 않은데 어떻게 억지로 먹어요?"

"반찬이 마음에 안 들어서 그래? 싫으면 먹지 마!"

이러면서 대화의 위험수위가 점점 높아졌어요.

"그게 아니라 학교에서 기분 나쁜 일이 있었어요. 그래서 속이 안 좋아요."

"어디다 말대꾸를 하는 거야? 누군 기분 좋아서 밥 차려 놓는 줄 아니?"

나는 벌떡 일어나 문을 쾅 닫고 아예 방으로 들어가 버렸어요. 등 뒤에서 엄마의 고함이 들려 왔어요.

"공부도 못하는 주제에 버르장머리까지 없어!"

나는 엄마의 말에 화가 치밀 대로 치밀어 올랐어요. '엄마는 늘 내 자존심을 짓밟으려 해. 항상 날 미워하지.' 이렇게 생각하니 엄마가 과거에 나에게 서운하게 대했던 일들이 차례차례 생각나기 시작했어요.

부정적인 마음이 들기 시작한 나는 공부하기가 싫어져서 책을 벽에다 던져 버렸어요. 저녁때 수학학원에 가야 하지만 가기 싫어졌어요. 급기야는 아무것도 하기 싫어졌어요. 부정적인 마음에 사로잡혀 어떤 의욕도 없는 거예요.

부정적 마음의
증거를 찾아봐

나를 괴롭히는 부정적인 마음은 두 가지였어요. 첫째 '엄마가 늘 나의 자존심을 짓밟으려 든다'는 것, 둘째 '엄마가 항상 나를 미워한다는 것'.

그런데 정말 엄마는 늘 내 자존심을 짓밟고, 항상 나를 무시할까요? 한번 가만히 생각해봅시다.

'증거가 어디 있지? 내 부정적인 마음의 증거가? 엄마가 내 자존심을 살려준 경우는 한 번도 없었을까? 아니다. 있다. 지난 학기 영어시험을 잘 봤을 때 엄마가 너무 좋아하시면서 대견해 하셨는걸. 그러고 보면 엄마가 내 자존심을 늘 짓밟으려 든다는 증거는 없어. 나의 과장된 생각이야.'

이번에는 엄마가 정말 항상 자신을 미워하는지 생각해봅시다.

'매일 식사를 준비해주고, 학원에 보내주고, 옷을 사주고, 시험기간이 되면 잠 못 자는 내가 안쓰러워 피곤한데도 잠을 설치며 뒤척이셨잖아. 엄마가 나를 항상 미워한다면 가

능한 일들인가? 역시 엄마가 항상 나를 미워한다는 것도 증거가 없어.'

이런 결론에 이르면 부정적인 마음이 싹 가시고 오히려 자신의 뒷바라지에 열심인 엄마에게 미안한 생각이 들게 됩니다.

'증거가 어디 있어?'라는 질문으로도 부정적인 마음이 가시지 않는 경우에는 어떻게 해야 할까요? 그럴 땐 이런 질문을 던져보세요.

"난 그 사람이 완벽하길 기대하는가?"

다른 사람들에게 부정적인 마음을 갖는 가장 근본적인 원인은 그 사람에 대한 기대치가 높기 때문이에요. 누구든 자신의 기대에 완벽하게 맞춰 행동해주길 바라지요. 기대가 높으면 반드시 실망하게 되고, 실망하면 부정적인 마음이 드는 법입니다.

제가 상담했던 학생의 사례를 들어 볼게요.

고1 학생인데, 친구들의 따돌림으로 학교에 가는 것을 너무 싫어하고 있었어요. 문제는 한 친구의 따돌리기에서 비롯됐지요. 사건의 발단은 늘 작은 일에서부터 시작하지요.

어느 날 그 친구가 돈을 빌려달라기에 이렇게 말했답니다.

"지금 너한테 빌려줄 돈이 없어. 오늘 내가 꼭 돈을 써야 할 일이 있거든."

그 친구는 그때부터 이 학생을 외면하기 시작했어요. 그러더니 점점 등 뒤에서 험담도 늘어놓고 근거 없는 소문까지 퍼뜨렸답니다. 그냥 무시하려고 애를 썼지만 그럴수록 더욱 스트레스만 쌓였대요. 다른 아이들도 그 학생을 슬슬 피하기 시작해서 급기야 점심도 혼자 먹어야 할 만큼 외톨이가 되고 말았답니다. 그러다 보니 학교생활이 싫어지고 성적도 자꾸만 떨어지고요.

그때 저는 이렇게 조언했어요. 너 자신에게 이런 질문을 던져 보라고요.

"난 내 친구들이 완벽하길 기대하는가?"

그 학생은 매일 아침 학교에 갈 때마다 이 질문을 몇 번씩 되뇌었답니다. 그것은 부정적인 마음의 싹을 잘라내는 효과가 있어요.

'친구들이 나한테 완벽하게 잘해주길 기대하고 있는 거야?' '친구들이 내 마음을 완벽하게 이해해주길 기대하고

있어?'

그러다가 '친구들은 완벽하지 않아. 그렇다면 친구들이 나를 따돌릴 수도 있겠다.'라는 생각까지 하게 되었답니다. 그러자 놀라운 변화가 일어났어요. 등을 돌렸던 친구들이 하나둘 돌아온 거예요.

그 이유가 뭘까요? 그때 반 친구들은 이렇게 생각합니다. '쟤는 우리가 따돌리는데도 주눅 들지 않고 씩씩하네. 뭐 믿는 구석이 있나?', '뭐야, 상처 안 받나? 자신감이 넘치는데?'라는 생각이 들면서 자연스럽게 관심이 생겼기 때문이었어요. 외톨이로 의기소침해 있던 학생이 왠지 자신감 넘치는 걸 보곤 호감을 느끼게 된 거지요. 나중에는 그 학생을 괴롭히던 친구까지도 먼저 다가왔답니다.

사람들이 실망스럽게 행동할 땐 기대치를 낮춰봐요. 그것도 마음 치유의 한 방법입니다.

우리는 가까운 사이일수록 완벽하게 행동해줄 것을 기대하는 습성이 있어요. 어리석은 습성이지요. 그러다가 기대가 무너지면 화가 나고 스트레스가 쌓이는 거예요. 하지만 완벽한 사람은 세상에 단 한 사람도 없습니다. 심지어 평균

적인 기대치에도 못 미치게 행동하는 사람들이 우리 주변에 더 많지요. 그럴 땐 이렇게 생각해야 합니다. '아, 저 친구에겐 저 정도만 기대하면 되겠어. 세상에 완벽한 사람은 없으니까.'

흔히 '마음을 비운다'는 말을 하죠? 이는 곧 '기대치를 낮춘다', '기대하는 생각을 낮춘다'는 말이기도 해요. 인간의 모든 기대에는 감정이 들어가게 되거든요. 감정이 없는 기대란 존재할 수 없어요.

우리는 모든 기대하는 생각을 10단위의 눈금자로 표시할 수 있어야 해요. 그래야 자신의 멘탈을 잘 지킬 수 있거든. 그 눈금자를 가지고 있다가 상대에게 기대하는 생각의 눈금을 확 낮춰버리면 멘탈이 흔들리지 않아요. 상대가 욕을 해도, 건드려도, 따돌려도 나의 멘탈은 수평을 유지할 수 있어요. 내가 상대의 감정적 행동에 반응하지 않고 멘탈의 수평을 유지하면 상대는 아무런 쾌감을 느끼지 못해요. 그래서 제풀에 꺼져버릴 수밖에 없는 거죠.

괴물의 꼬리를 자르자

① 밖으로 꺼내기

괴물을 꺼내려고 자기 자신을 마주 보는 게 어렵고 아픈 일일 수도 있어요. 그래서 피하고 싶을 수도 있지만 마주하고 꺼내지 않으면 괴물은 더 크게 자라나요.

괴물을 달래주려면, 우선 괴물을 몸 밖으로 꺼내야 합니다.

한 고등학생이 정신과 의사를 찾아왔어요. 그 학생은 극심한 외모 콤플렉스에 시달리고 있었고, 거울에 자신의 모습이 비치기만 해도 기겁을 할 정도였어요. 그 학생의 머릿속에는 괴물의 존재가 아주 강하게 자리 잡고 있었던 거예요. 의사의 책상에는 작은 거울이 놓여 있었는데 그걸 보더니 학생은 아예 얼굴을 돌려버렸어요. 외모에 대한 부정적인 마음을 오랫동안 품고 살아왔던 거지요. 의사는 학생이 편안한 마음으로 거울을 볼 수 있게 한다면 문제가 해결될 거라고 생각했어요.

"학생, 얼굴을 자세히 한번 들여다봐요. 가장 자신 없는 부분부터. 그리고 나한테 자세하게 묘사해줘 봐요."

의사는 잠재된 부정적 마음을 밖으로 끄집어내 털어내도록 한 거예요. 그 과정에서 처음에는 혐오스러워하는 표정을 짓던 학생 얼굴도 점점 느긋해졌지요. 몇 차례 그런 과정을 거치다 보니 그 학생이 가졌던 외모 콤플렉스는 완전히 사라졌어요.

이런 방법은 정신적 외상 환자들에게 많이 쓰는 방법이에요. 자기 머릿속에 있는 괴물이 보기 싫어 그냥 놔두면 괴물은 점점 크게 자라거든요. 그래서 일단 그 괴물을 꺼내 밖으로 나오게 해야 해요. 괴물이 우리 몸 밖으로 나오면 순해지거든요. 그러면서 우리 마음이 치료되기 시작합니다.

상처, 불안, 걱정, 질투, 시기 같은 '괴물'들을 억누르거나 피하지 말고 밖으로 꺼내 보세요. 그러면 괴물의 빨간불이 꺼지면서 괴팍하던 성질이 다소곳해질 겁니다.

괴물의 꼬리를 자르자
❷ 음량 조절

우리는 우주 만물의 이치를 발견하려는 아인슈타인의 치

노학자기기 된 이인슈타인. 우주 만물이 원리를 알고자 했던 그의 치열함 덕부에 우리는 인생의 아주 중요한 이치를 깨우치게 되었다.

열함 덕분에 '생각은 에너지다'라는 놀라운 사실을 알게 되었지요. 아인슈타인이 한 이야기를 그대로 옮겨 볼게요.

"생각을 포함한 이 세상의 모든 것은 무한한 에너지가 응축된 무無의 공간에서 탄생한 에너지 덩어리다."

그러니 부정적인 생각이란 것도 모두 에너지 덩어리지요. 부정적인 에너지가 생겨나면 세포 속속들이 스며들어 잘 떨어지지 않아요. 문제는 에너지의 속성 때문에 더욱 많은 부정적 에너지를 끌어들여 걷잡을 수 없는 부정적 마음의 소용돌이에 빠지게 하는 거예요.

모두 경험해보았을 거예요. 짜증을 내기 시작하면 짜증 나는 일이 연달아 일어나지요. 슬픈 마음이 들기 시작하면 슬프고 서러운 마음이 연달아 들고요. 극도로 화가 난 사람들을 보면 눈이 뻘겋게 충혈되고 손을 부들부들 떨며 스스로를 감당하지 못하는 모습을 보이기도 해요. 그것은 부정적 에너지가 온몸을 휘감고 있어서 그런 거예요. 이런 부정적인 마음 에너지는 자신뿐 아니라 상대방, 다른 사람에게도 영향을 줍니다.

저는 방송사 보도국에서 방송기자로 오래 일했거든요. 방송사 보도국이라는 곳은 뉴스를 내보내는 곳이다 보니, 시끄러운 일이 많았어요. 이를테면 뉴스가 나간 다음 관련된 사람들에게서 항의 전화가 오곤 하는 거지요. 그런 전화를 거는 사람들은 대부분 화가 난 감정이 들어있다 보니 우선 목소리가 높아요.

"아니, 뭐 그런 편파적인 보도를 할 수 있는 겁니까? 그거 보도한 기자 좀 바꿔줘요."

"왜 그렇게 고함부터 지르시는 거죠?"

"당신네가 뭘 잘했다고 큰 소리요?"

"당신이 목소리를 높이니까 나도 목소리가 높아지는 거 아니야!"

대체로 이런 순서로 대화가 오고 갑니다. 처음에는 별 내용이 없는 대화로 시작했다 하더라도 서로 목소리를 높여 얘기하다 보면 자연히 화가 증폭되는 거지요.

그런데 미국 케니언대학 언어연구소가 재미있는 실험을 했어요. 실험자가 사람들에게 전화를 걸어 목소리를 높여가며 얘기했더니 상대 역시 100% 목소리를 높여가며 대답을 했대요. 그러면서 점점 더 화를 내게 되더랍니다. 화를 낼 만한 내용이 아닌데도 말이지요. 내가 목소리를 높이면 상대방도 예외 없이 화를 내게 된다는 것을 보여주는 실험이지요.

거꾸로 상대방이 화를 낼 때 내가 목소리를 높이지 않으면 어떨까요? 정반대 현상이 일어납니다. 상대방이 아무리 고래고래 소리를 지르며 길길이 날뛰더라도 내가 목소리를 계속 낮추고 있으면 우선 내게 화의 불길이 댕겨지지 않거든요. 이 세상에 혼자서 화를 계속 낼 수 있는 사람은 거의 없어서 상대방도 제풀에 화가 꺾이게 되고요. 이것은 내 목소리 음량만으로 상대방의 감정까지 통제할 수 있다는 걸 보여줍니다.

케니언대학 연구팀은 이 실험을 통해 이런 결론을 내렸답니다.

"당신이 목소리를 높이면 당신도 화가 나기 시작한다. 반대로 아무리 화가 나더라도 목소리 음역대를 중저음으로 낮추고 음량도 의도적으로 조금 낮추면 당신의 분노가 가라앉는 것은 물론, 상대방의 분노도 가라앉는다."

괴물의 꼬리를 자르자

❸ 마음 덩어리를 식빵 떼듯이 통째로 떼어내기

EX 1 **생각을 떼어내는 연습**

1 두어 차례 심호흡을 한 다음 고요한 마음으로 벽의 한 지점을 응시합니다. (정해진 건 없어요. 창밖의 공간을 봐도 됩니다.)

2 벽이나 공간에 마음속의 생각이나 감정이 떠 있다고 상상합니다. 생각이나 감정이 내가 상상하는 곳으로 즉가 이동합니다. (즉가 이동한다는 사실이 중요해요.)

부정적인 감정을 계속 쌓아두면 결국 우울증이 오지요. 우울증 환자들이 고통스러워하는 이유는 끊임없이 올라오는 좌절감, 무기력, 울적함 같은 부정적인 감정들이 바로 자기 자신의 일부라고 생각하기 때문이에요. 부정적인 감정들은 늘 내가 상상하는 곳에 가 있거든요. 그래서 그 늪에 빠져들어 헤어나지 못하는 거지요.

　하지만 생각을 바꿔 그것들을 내 몸에서 떼어낼 수 있다고 믿으면 정말 신기하게도 떨어져 나갑니다. 정신의학자들이 우울증 환자들의 감정을 분리시킬 때 이 방법을 사용하는 것도 바로 그런 이유 때문이에요. 자신의 감정이 나와 별개라는 것을 깨닫기만 해도 병이 스르륵 사라지기 시작한대요.

　우울증 환자뿐만이 아니지요. 보통의 우리는 '내가 경험하는 모든 것은 나'라고 생각합니다. 그래서 '내 생각도 바로 나'라고 착각을 하게 됩니다.

하지만 '내 마음'과 '나'는 별개거든요.

　'내'가 '내 마음'을 만들어 내는 겁니다. 마음의 주인은 자기 자신이라는 거예요. 하루에 얼마나 많은 생각을 하는지 한번 세어 보세요. 자그마치 5만 가지 생각을 한답니다. 이 많은 생각이 모두 '나'일 리는 없지 않겠어요? 어둡고 우울한 생각에 휩쓸릴 때마다 그 생각 덩어리를 하늘에 띄워놓고 제삼자의 눈으로 자세히 바라보면 두둥실 떠다니다 어느새 사라지게 됩니다.

　이렇게 떼어낸 부정적인 에너지는 어떻게 될까요? 온 우주를 활개 치고 돌아다닐까요? 아니에요. 그 애들은 우리 몸에서 떨어져 나간 순간 모든 힘이 없어진답니다. 정신의학자들의 연구 결과 우리 몸에서 떨어져 나간 부정적 마음 덩어리는 혼자서는 생존하지 못한답니다. 기생충처럼 달라붙을 곳이 없어져서 스스로 소멸하지요.

괴물의 꼬리를 자르자

❹ 떼어낸 마음을 분리시키기

EX 2-1 **스크린으로 보는 연습**

부정적 마음들이 자꾸만 피어오를 때는 내가 지금 극장에 앉아 있다고 상상해봅니다. 그러고는 그 생각 덩어리들을 스크린에 투사시켜놓고 가만히 바라보는 거예요. 생각 덩어리들이 어떻게 피어오르는지, 어떻게 사라지는지 조용히 주시하는 겁니다. 이렇게 주시하는 것만으로도 부정적 마음들은 저절로 사라집니다.

EX 2-2 **구름에 달아 날려버리는 연습**

부정적 마음들을 드넓은 하늘에 피어오르는 구름 덩어리라고 상상해봅니다. 분노에 휩싸여 있을 때 구름 덩어리들이 뻘겋게 보일 거고, 우울할 땐 파란색 혹은 회색으로 보이겠지요. 그 구름 덩어리들을 조용히 주시하고 있노라면 어느새 둥둥 흘러가 버리고 하늘이 말끔해질 거예요.

만일 부정적 마음에 자주 시달린다면 그런 생각 덩어리

들이 스크린이나 하늘에 뭉게뭉게 떠오를 때마다 꼬리표를 달아주는 것도 좋습니다. 예를 들면 이렇게요.

'저건 내가 화날 때 떠오르는 분노 덩어리야. 오늘 또 나타났군. 분노 덩어리가 어떻게 사라지는지 주시해보자.'

'저건 내가 우울할 때 떠오르는 우울함 덩어리지. 어디 오늘은 얼마나 머물다 사라지는지 보자.'

이렇게 부정적 마음에 꼬리표를 붙여놓고 주시하면 부정적 마음은 나와 별개의 존재라는 생각이 더욱 선명해집니다. 그러면서 빠른 속도로 떨어져 나가게 되지요.

모든 생각과 감정은 내가 상상하는 곳에 가 있다는 사실을 꼭 기억하시기 바랍니다.

괴물의 꼬리를 자르자
❺ 긍정의 스티커 붙이기

좌절, 무기력처럼 우리의 도전과 꿈을 방해하는 부정적인 마음을 없애는 방법이 있습니다. 거기에 긍정의 딱지를 딱 붙여버리는 겁니다. 부정을 긍정으로 압사壓死시키는 방법이지요.

제 이야기를 해볼게요. 중학교에 갓 들어간 때였어요. 까마득한 옛날 일이지요. 그러나 지금도 선명하게 기억해요. 어느 날 교무실에 들른 저를 영어 선생님이 불러 세웠어요. 그리고 이렇게 말씀하시는 거예요.

"영어는 얘가 제일 잘해. 가장 열심히 하거든."

선생님은 제 머리를 한 번 쓱 쓰다듬으며 이렇게 '긍정의 딱지'를 붙여주셨어요. 그때 교무실에선 선생님들이 한 미국인 손님과 대화를 나누고 계셨는데, 미국인 손님 때문에 선생님들 사이에서 영어 이야기가 나왔었나 봐요. 무척이나 순진했던 저는 그 말을 잠재의식 속에 깊이 새겨 넣었던 것 같아요.

"영어라면 내가 제일 잘할 수 있어!"

저는 그때부터 '영어라면 내가 제일'이라는 믿음에서 벗어나 본 적이 없어요. 설사 나보다 영어를 잘하는 사람이 있어도 상관없었어요. 왜냐하면 시간이 얼마나 걸릴지는 모르지만 여하튼 난 '열심히만 하면 그들보다 더 잘할 수 있는 아이'였거든요.

프랑스의 심리학자이자 약사인 에밀 쿠에는 하루 스무 번씩 '나는 날마다 모든 면에서 점점 좋아지고 있다'고 말하면 환자의 병세가 좋아진다고 했어요. 자기암시는 치유와 발전에 큰 도움이 됩니다.

그런데 대학교에 들어가니 저보다 영어를 훨씬 잘하는 사람이 너무 많더군요. 그리고 통역대학원에 다닐 때는 전국에서 영어를 잘한다는 사람들이 다 모였어요. 외국에서 오래 살다 온 사람들도 있었고요. 그래도 상관없었어요. 저는 여전히 중학교 시절 선생님이 도장 찍어준 '영어를 가장 잘할 수 있는 아이'였으니까요. 저는 언제나 영어에 대해서만큼은 '난 마음만 먹으면 누구보다도 잘할 수 있어'라는 확신에 가득 차 있었던 거예요.

어느 날, 통역대학원 학생들이 미국인 교수님 한 분과 점심식사를 하던 중에 교수님이 대뜸 저에게 "You speak English better than average Americans(보통의 미국인보다 영어를 더 잘하는군)."이라고 말했던 적이 있었어요. 그가 진심으로 그 말을 했는지, 지나가는 말이었는지는 중요하지 않았어요. 제 마음속에 있는 긍정의 스티커가 또 한 번 인증을 받는 날이었으니까요. 그래서 저는 미국 대학원에 다닐 때도 토론시간에 미국인 학생들에게 주눅이 들지 않았어요.

'너희들은 미국에서 태어났으니까 당연히 발음은 좋겠지. 하지만 난 곧 너희를 따라잡을 수 있어.' 이런 자신감 덕분에 그들보다 나이도 훨씬 많고, 사실 영어를 더 잘했을 리도 없었지만, 가장 좋은 성적으로 졸업할 수 있었답니다.

제가 워싱턴 특파원으로 일할 땐 늘 미국 기자들보다 앞선 기사를 쓰려 노력했었어요. 그러다 보니 실제로 미국 기자들보다 한발 앞서 더 많은 연방정부 장관급 인사들을 단독 인터뷰하기도 했고, 그로 인해 특종을 잡아낸 적도 많았어요.

이건 무엇보다 영어에 대한 두려움이 없었기 때문에 가능한 일이었지요. 영어를 모국어로 하는 미국 기자들과 경쟁해야 했지만, 그래도 저는 마음속에 여전히 '영어를 가장 잘할 수 있는 아이'로 스티커를 단단히 붙여 놓았더니 별로

겁날 게 없었던 거예요. 이런 사례는 사실 제 경우뿐 아니라 무궁무진하지요.

그런데 아무도 내게 긍정의 스티커를 붙여주지 않으면 어떻게 하냐고요? 그럴 땐 스스로 붙여야 해요. 사실은 스스로 붙이는 스티커가 가장 강력하답니다. 사람의 마음속에는 '할 수 있다'는 생각과 '할 수 없다'는 생각이 공존합니다. 긍정의 마음과 부정의 마음은 항상 같이 있는 거지요. 그중에서 내가 초점을 맞추는 생각이 표면으로 드러납니다.

'내가 할 수 있는 게 뭐지?'라는 생각으로 할 수 있는 것들을 찾으면 비로소 '나 여기 있어' 하고 존재를 보여주기 시작합니다. 아무리 작은 것이라도 내가 할 수 있는 게 보이기 시작하면 그때부터는 점점 숫자가 늘어나게 됩니다.

PART 2

책상 위의

공부 내비게이션

PART2는 공부가 흔들릴 때 자극이 되는 '공부 내비게이션'이에요. 이 내용을 정리하게 된 데에는 이유가 있어요. 몇 해 전 제 딸이 고1 때였어요. 한참 공부를 힘들어하던 시기가 있었지요. 저는 보통의 아빠들이 그러하듯 딸과 아주 친한 것도 아니고 데면데면한 것도 아니었어요. 친구로 치면 베프는 아니지만, 같이 편하게 밥은 먹을 수 있는 사이 정도라고 할까요? 그래서 저는 딸에게 뭔가 도움이 되고 싶어 아빠가 알고 있는 '공부 잘되는 법'을 전수해 주겠다고 했어요.

사실 이런 시도는 좀 위험한 측면이 있지요. 딸의 입장에선 아빠가 하는 이야기가 일단 잔소리로 들릴 수도 있으니까요. 하지만 저는 저 혼자 알고 있기엔 아까운 내용들이라 딸과의 접선을 시도했지요. 처음에는 예상대로 반응이 시큰둥했어요. 아마 제 입에서 '시간 관리 잘해라.' '머릿속에 잡념을 없애라.' 뭐 이런 하나마나한 이야기가 나올 줄 알았나 봐요. 그러다가 차츰차츰 호기심과 공감이 섞인 표정으로 듣게 되었어요. 나중에 딸의 이야기를 들어보았더니 처음엔 기대를 전혀 안 하고 들었었는데, 동기부여에 도움이 많이 되었다고 해요.

다행히 딸은 그 이후 큰 흔들림 없이 입시 준비를 잘했어요. 덕분에 서울대 자유전공학부에 입학해 현재 심리학을 전공하고 있지요. 심리학을 선택한 것도, 어쩌면 제가 평소에 했던 '멘탈'에 관한 많은 이야기를 그때는 집중해서 듣는 것 같진 않았지만, 가랑비에 옷 젖듯이 영향을 받아서인 것 같아요.

그때 제가 딸에게 전수했던 공부 내비게이션을 깔끔하게 다시 정리해봅니다.

책상에 앉았지만 잡념만 생길 때

공부를 하다 보면 집중이 잘될 때가 있어요. 그럴 때는 한참을 공부해도 피곤하지 않고, 공부를 마치고도 뿌듯한 마음이 들지요. 그게 바로 몰입 상태예요.

몰입에서 가장 중요한 것은 현재에 집중하는 거지요. 하지만 우리는 대부분 이미 일어난 일이나 아직 일어나지 않은 일을 생각하느라 지금 이 순간에 집중하지 못하는 경우가 많아요.

학교에 가지 않는 토요일이에요. 오랜만에 팔 걷어붙이고 집 안 청소를 하고 있다고 가정해봅시다. 진공청소기를 돌리며 어떤 생각을 하고 있을까요? 청소를 빨리 해치우고 냉장고에서 시원한 주스 한 잔을 꺼내 마신 뒤에 방에 들어가 게임이나 한 판 해야지 하는 생각? 아니면 강아지를 데리고 산책을 나가야겠다는 생각? 아니면 친구를 불러내 노래방에 가야겠다는 생각? 이렇게 다음 일을 생각하면서 청소를 하다 보면 청소하는 게 즐거울 리 없어요. 진공청소기를 돌리고 걸레질을 해야 하는데 갑자기 걸레질하기가 싫어지기도 하고요.

청소가 끝나면 또 어떨까요? 주스를 마시면서 또 다른 생각을 하게 될 거예요. '오늘 학원에서 보충 특강이 있는데 가야 하나? 빼 먹을까?' 이렇게 딴생각을 하며 주스를 마시니 주스 맛도 제대로 모르겠어요.

숙제를 하다가는 학원 가기 싫다는 생각을 하고, 학원에 가서는 빨리 집에 갔으면 하는 생각을 하지요.

이처럼 우리는 대부분의 시간을 현재가 아닌 다가올 미래에 초점을 맞춰 살아갑니다. 지금은 별로이고, 미래는 뭔가 지금보다 나을 거라고 믿는 거예요. 그러다 보니 지금 하는 일을 제대로 못 하고 인생을 허비하게 되고, 이 순간 느껴야 할 행복도 손에 잡히지 않는 거지요.

그러지 말고 현재의 순간에 몰입해 봐요. 그럼 모든 골칫거리가 시야에서 사라지고 지금 하는 일을 아주 잘할 수 있게 됩니다.

수학 문제집을 풀고 있다고 가정해봅시다. 채 한 페이지도 안 풀고 한숨을 푹푹 쉬면서 '어휴, 언제 이 문제들을 다 풀지?' 하고 마지막 페이지까지 자꾸만 넘겨본다면? '수학은 정말 싫어!'라는 한탄이 저절로 터져 나오는 게 당연하지요. 생각이 미래에 가 있기 때문에 생기는 필연적인 현상이에요.

이럴 때 문제집을 아주 잘게 쪼개서 오로지 지금 풀어야 할 한 가시 문세에 초점을 맞춰 보세요.

'이 문제를 다른 각도로 풀어보면 어떨까? 그래도 계속

안 풀릴까?'

지금 풀고 있는 딱 그 한 문제에 집중하면 문제집 한 권이 통째로 자꾸만 눈에 어른거릴 이유도 없지요. 문제를 풀어나가는 데 모락모락 재미도 붙게 되고, 그러다 보면 어느새 문제집 한 권을 다 풀어버리게 될 거예요. 그만큼 수학 실력도 늘겠지요.

우리의 모든 걱정과 불안은 '앞으로 어떻게 될까?' 하는 미래에 관한 생각 때문이에요. 공부가 안된다는 것은 대부분 생각이 자꾸만 과거나 미래로 떠돌아다니기 때문이지요. 그럼 어떻게 해야 떠돌아다니는 생각을 지금 현재 제자리로 돌아오게 할 수 있을까요?

'지금, 이 순간'으로 끌어오는 간단한 방법이 있답니다. 미국의 한 정신의학자가 고안해낸 방법이에요.

종이 위에 직선을 그은 뒤 '과거', '현재', '미래'를 적어 봐

요. 그리고 지금 나의 생각이 어느 시점에서 떠돌고 있는지 연필로 표시해 봐요.

그런데 흥미로운 것은 현재로부터 멀어진 시점에서 떠도는 생각일수록 대개 딱 그만큼 부정적 생각이라는 거예요. 연필을 점점 현재로 옮기면서 생각도 함께 옮겨 보세요. 생각이 현재에 다다르는 순간, 부정적인 생각은 멀찌감치 날아가 버린답니다. 이 방법을 활용하다 보면 나중에는 굳이 종이에 표시할 필요가 없어져요. 마음속에 직선을 그어놓고 '지금 내 생각은 어느 시점에 가 있지?' 하고 물어보기만 해도 되거든요.

성적 올리고 싶은 사람이 하지 말아야 할 말 2가지

우리가 살아가면서 반드시 피해야 할 말이 있답니다.

"난 ~때문에 못 해."와 "난 ~때문에 안 돼." 바로 이 두 가지예요. 이런 말을 '피해자의 언어'라고 합니다. 이건 말이 아니라 독이라고 보는 게 맞아요.

"난 머리가 나빠서 아무리 열심히 해도 공부를 잘할 수가 없어.", "난 운동하길 싫어해서 살 빼는 건 못해.", "난 얼굴이 못생겨서 인기가 없어.", "난 좋은 학교를 나오지 못해 노력해도 취업이 잘 안 될 거야.", "우리 집안은 대대로 수명이 짧았기 때문에 나도 오래 살지 못할 거야."

"~때문에"라는 말에는 '불가피성'이 숨겨져 있어요. 그래서 부정적으로 사용하면 힘이 쭉 빠지게 되지요. 단순한 이 말 한마디가 하루를 완전히 망쳐놓을 수도 있어요.

시험이 끝난 토요일 아침이에요. 오랜만에 친구들과 놀이공원에 가서 롤러코스터도 타고 신나게 놀려고 했어요. 시험 전부터 계획했던 거지요. 그런데 창밖을 보니 비가 주룩주룩 쏟아지는 거예요.

'어라, 비 때문에 이번 주말은 완전히 망쳤군! 시험 기간 내내 기다려왔는데. 왜 내가 놀러 갈 계획만 세우면 꼭 날씨가 이 모양일까?'

이렇게 생각하니 우울해요. 심사가 뒤틀리니 좋은 일이

일어날 리도 없어요.

이럴 땐 생각을 이렇게 돌려야 해요.

'어라, 오늘 비가 내릴 게 뭐람? 놀이공원 못 가는 게 서운하긴 하지만 날씨 탓해서 뭐하냐. 다른 걸 해보자. 앗싸! 그동안 미뤄놨던 웹툰을 봐야겠어. 아니면 맨부커상 탄 작가의 소설을 읽어 볼까?'

보도국 기자 시절이었어요.

새벽에 긴급 뉴스 상황이 발생해 출근을 해야 했어요. 허겁지겁 차를 세워둔 주차장으로 뛰어 내려갔지요. 그런데 공교롭게도 시동이 걸리지 않았어요.

'아니, 긴급 뉴스가 터져 한시가 급한데 다른 날도 아니고 하필 오늘 고장이 나다니, 짜증 나게. 재수 없네!'

자동차 키를 몇 차례 다시 꽂아보았지만 허사였어요.

'이 망할 놈의 차 때문에 꼼짝없이 지각하게 생겼어!'

저는 화도 나고 짜증도 난 상태에서 급하게 택시를 잡아 탔어요. 그런데 택시를 타고 가면서 다시 생각해보니 제가 화가 났던 건 자동차를 탓했기 때문이었어요. 고장 나 꿈쩍도 못 하는 자동차만 탓하고 있으니 저 역시 꿈쩍도 못 하게 됐고, 그래서 화가 증폭된 겁니다.

만일 제가 처음부터 자동차를 탓하지 않고 나를 들여다봤다면 어떻게 달라졌을까요? 자연히 저는 '지금 내가 할 수 있는 게 뭐지?' 하고 생각했을 겁니다. '택시를 타고 갈 수밖에 없군.' 하는 생각을 즉각 떠올렸을 거예요. 그러면 그렇게 크게 화가 날 일도 없었겠죠.

'난 아무리 공부해도 영어는 안 돼. 외국어엔 소질이 없어.', '난 아무리 운동해도 절대로 살이 안 빠져. 체질이 그래.', '난 항상 운이 나빠.'

이런 말들을 습관적으로 내뱉는 사람은 스스로를 피해자로 만들어버리는 거예요. 즉 자신의 운명이 남의 손에 달려 있다고 믿게 되지요. 그러다 보면 분노와 좌절이 쌓여 부정적인 생각의 늪에 빠져버리게 돼요. 이런 부정적인 생각이 잠재의식에 저장되면 곧 현실로 나타나게 되고. 그래서 불행이 지꾸 반복되는 겁니다.

우선
'탓하기'에서
벗어나야 해요.

그러지 않고는 성취하는 인생을 살 수가 없어요. 내 운명은 내 손에 달려 있다고 믿어야 나 스스로 인생을 헤쳐나갈 수 있어요.

인간의 잠재의식에 대해 많은 연구를 했던 조셉 머피 박사는 이런 말을 했어요.

"분노, 공포, 질시, 증오 등 모든 부정적 감정은 남을 탓하는 데서 발생됩니다. 이런 감정이 잠재의식에 저장되면 몸속의 독이 되지요. 그리고 그 독은 성공을 향한 모든 에너지를 빼앗아갑니다. 그래서 남을 탓하며 성공할 수 있는 사람은 존재하지 않습니다."

남극에서 해본 대조효과

문명세계와는 완전히 동떨어진, 빙하만이 둥둥 떠다니는 극지. 남극 망망대해 한복판에 덩그러니 떠 있는 커다란 배 한 척. TV도, 라디오도, 신문도 없다. 그 위에서 두 달간 먹고 자며 생활해야 한다면?

한번 상상해보세요. 어떨 것 같아요? 저는 실제로 이런 생활을 해봤답니다. 아주 오래전 일이지만 남극 세종기지를 건설할 때 생방송 팀으로 차출되어 남극으로 출장을 갔었거든요.

처음 한 달은 기지 건설 준비 때문에 아무 일도 할 수 없었어요. 그냥 배 안에 갇혀 지내야 했거든요.

'아, 정말 답답하네. 빙하 감상도 하루 이틀이지.'

'온종일 잠만 잘 수도 없고…. 오늘 하루는 또 어떻게 보낸다?'

시간이 흐를수록 사람들은 지루함에 점점 지쳐갔어요. 저도 마찬가지였지요. 가져갔던 책을 다 읽고, 다른 사람들 책까지 모조리 빌려 읽었어요. 그래도 심심하다 싶으면 갑판에 나가 줄넘기를 했는데, 하루는 빙하를 보면서 줄넘기를 하다 이런 상상을 했답니다.

'만일 내가 보트를 타고 가다가 난파를 당한다면? 과연 생존할 수 있을까?'

제가 그냥 느닷없이 엉뚱한 생각을 했던 건 아니에요. 이것은 현재 상황이 견디기 어려울 때 더 견디기 어려운 상황을 생각하는 방법을 한 번 실행해 본 거예요. 이것을 전문용어로는 '대조효과(contrast effect)'라고 하지요.

저는 그때 대서양을 홀로 항해하다 난파를 당한 스티브 캘러핸의 이야기를 떠올려 보았어요. 그는 난파를 당한 후 손바닥만 한 구명보트 하나에 의지해 망망대해를 무려 76일간 3,900km나 표류했던 사람이지요.

'먹을 거라곤 절망밖에 없군.', '곧 죽을지도 몰라. 그냥 지금 확 고기밥이나 될까?', '아, 너무 외로워. 짜증 나게 만들던 사람까지 그리워질 지경이야.', '나는 과연 구조될 수 있을까?'

그는 아무것도 보이지 않는 바다를 둥둥 떠다니면서 이처럼 온갖 부정적 마음들과 대면해야 했어요. 그러다 문득 살아야겠다고 마음먹고는, 생존의욕을 잃지 않기 위해 하루 일과를 아주 빡빡하게 정해놓았지요.

그는 우선 해가 뜨면 무조건 보트에 쪼그려 앉아 체조를 시작했어요. 그런 다음 보트 뒤를 바짝 따르는 만새기(최대 몸길이 2.1m, 몸무게 40kg까지 나가는 바닷물고기) 떼들과 아침 인사를 한 뒤, 날마다 새로운 주제를 정해 끝없이 대화를 나눴

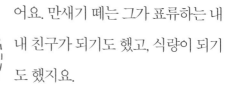

'대조효과'는 부정적인 것과 긍정적인 것을 번갈아 생각하면서 부정을 걸러내고 긍정을 남기게 하는 효과도 있어요.

어요. 만새기 떼는 그가 표류하는 내내 친구가 되기도 했고, 식량이 되기도 했지요.

"만새기 떼는 진정한 친구가 돼 주었어요. 제 먹이가 되기도 하고, 저를 죽일 뻔하기도 했죠. 어쨌든 매일 살아 움직이는 생명체를 대한다는 사실이 위안이 되어 저는 살아남을 수 있었습니다."

결국 그는 만새기 떼를 보고 몰려든 새 떼 덕분에 작은 어선을 만나 구조되었답니다.

그런데 신기했어요. 제가 이렇게 상상에 빠져 줄넘기를 하다 선실에 돌아가 보면 시간이 한 시간도 넘게 흘러 있는 거예요. 줄넘기만 할 때는 20분도 지루했는데, 이런저런 상상을 하면서 줄넘기를 하니 한 시간이 넘어도 지치지 않았어요. 오히려 온종일 줄넘기를 할 수도 있겠구나, 하는 자신감까지 생기더군요. 몸에 있는 지루하고 따분한 에너지가 희망차고 긍정적인 에너지로 바뀌는 그런 기분이었어요.

이런 상상을 할 땐 마음의 공간을 최대한 크게 확대하는 게 좋습니

다. 마음의 공간이 넓어질수록 상상이 자유로워지고, 마음도 시원해 지거든요.

입시 준비 때문에 책상에 오래 앉아 있어야 하는 게 때론 너무 지루할 거예요. 당연한 일이에요. 반복적으로 지식을 주입하고 있으니 마음은 자꾸 답답해지고 '멘탈이 부서지는' 상태가 오지요. 그럴 땐 이런 상상이 필요합니다.

'나는 내 마음속에 들어 있다', '학교도 지구도 내 마음속에 들어 있다'…. 좁아졌던 내 마음의 공간이 확 넓어지게 되면 지루하다는 생각이 자유롭게 풀려납니다. 더불어 공부를 하고 있는 나 자신이 불행한 게 아니라는 생각이 저절로 들어옵니다.

영어 성적을 올려주는 덩어리 기억법

제가 보도국 기자 시절의 일이에요. 미국이 아프가니스탄을 공격했을 때 그리고 이라크를 침공했을 때, 저는 CNN 뉴스를 동시통역해 〈9시 뉴스〉 시청자들에게 전달한 적이 있었어요. 부스에 앉아 헤드폰을 끼고 CNN 뉴스를 들으며 동시에 우리말로 바꿔 말하는 일이었어요. 그 일은 전쟁

이 끝날 때까지 계속되었지요.

'군사작전이 개시됐다' 하면 몇 시간씩 꼼짝없이 동시통역을 해야 하기 때문에 혼자 하기는 불가능했어요. 전문 동시통역사들과 서로 번갈아가며 하기도 했지요.

해외로 진출한 운동선수들은 바디랭귀지만으로도 통한다고 해요. 서로 소통하려는 의지가 있기 때문이죠. 외국어도 상대의 마음과 큰 맥락을 이해하려는 자세가 중요해요.

그런데 경험이 많지 않은 어떤 동시통역사들은 끙끙거리기만 하고 통역을 제대로 못 하는 거예요. 생방송 뉴스에서 자칫하면 방송사고가 날 만한 일이었지요. 대체 뭐가 문제였을까요? 저는 그들을 가만히 살펴보았어요.

영어뉴스는 말하는 속도가 아주 빠르기 때문에 맥락을 이해하는 게 중요해요. 영어문장을 그대로 꼬박꼬박 우리말로 통역하려고 끙끙거리다 보면 어느새 통역하려던 그 문장이 이미 지나가 버리고 마는데, 통역사들은 문장 하나씩을 놓치지 않으려고 애쓰고 있었어요.

그래서 동시통역사에게 넌지시 이렇게 말해 보았어요.

"한 문장씩 통역하려
하지 말고
큰 덩어리로
통역해 보세요."

언어란 품고 있는 생각을 전하기 위한 수단이지요. 그래서 말하고자 하는 사람의 마음을 이해하려 하지 않고 수단인 말 자체에 초점을 맞추다 보면 정작 말의 뜻을 놓쳐버리게 되는 경우가 많답니다.

영어뉴스를 청취할 때도 마찬가지예요. 앵커가 내뱉는 단어 하나하나에 집중하다 보면 어느새 그 뉴스는 멀찌감치 흘러가 버리거든요. 그보다는 그가 과연 무슨 말을 전하고자 하는지에 초점을 맞추어 들어야 해요.

즉 '난 지금 바로 저 앵커의 머릿속에 들어가 있어. 그 속에 무슨 생각이 숨어 있는지 정말 궁금해.'라는 자세로 호기심을 잔뜩 품고 듣다 보면 자연히 큰 덩어리를 이해할 수 있게 되고, 나중에는 개별 단어도 물 흐르듯 술술 들을 수 있게 되는 거예요.

다음 영어문장을 한번 외워 보세요.

"Mary had a little lamb
(메리에겐 작은 양 한 마리가 있었네.)."

영어를 잘하는 사람은 척 보면 한눈에 알아볼 문장이지요. 문장 전체가 한 덩어리로 눈에 쏙 들어오거든요. 그건 머리가 좋아서가 아니라 영어문장 구조에 익숙하기 때문이에요. 그래서 문장 전체를 한꺼번에 기억하게 됩니다. 하지만 각 단어의 뜻만 알고 있는 영어초보자는 다섯 개 덩어리로 나누어 기억하게 되지요. 또 이제 겨우 영어 알파벳만 익힌 사람은 글자 열여덟 개를 하나하나 다른 덩어리로 기억해야 해요. 그러다 보니 외우는 데 시간이 많이 걸립니다.

그럼 거꾸로 하면 어떨까요? 즉 문장 전체의 의미부터 먼저 이해한 다음, 낱개의 알파벳이나 단어를 외우는 겁니다. 그럼 외우는 속도가 의외로 빨라질 거예요.

시험에 꼭 필요한 대박 공부법

학생들이 가장 싫어하는 게 아마도 시험기간일 거예요. 물론 저도 그랬어요. 그런데 나중에 생각해보니까 그건 공부를 몰아서 하는 습관이 낳는 부작용 때문이었어요.

오래된 이야기 하나 할게요. 제가 중학교 다닐 때의 일이에요. 제가 살던 곳은 워낙 시골 깡촌이라 전기도 제대로 안 들어오던 곳이었어요. 학교에 가려면 큰 고개를 넘어 40~50분은 족히 걸어야 했거든요.

하루는 영어 선생님께서 영어단어 시험을 치르겠다고 하셨어요.

"일주일 후 영어단어 시험을 볼 테니까 열심히 공부하도록 하세요."

외워야 할 영어단어는 100개. 1년 동안 배운 단어를 총정리하는 시험이었어요. 수업이 끝난 뒤 집에 돌아오는 길에 한 아이가 말했어요.

"나는 그냥 실컷 놀다가 시험 전날 벼락치기로 해치울 거야. 5시간만 달달 외우면 충분할 테니까."

철우라는 아이였지요. 철우는 시장터 빵가게집 아들이었어요. 시장터 주변에는 꽤 잘사는 집들이 많았는데, 그 동네 사는 아이들은 다른 아이들로부터 무척이나 부러움을 사고 있었어요. 거기엔 다 이유가 있었지요. 저처럼 농사짓는 집 아이들은 평소 수업이 끝나서 집에 돌아오면 책가방을 던져 놓고 농사일을 거들어야 했지만, 개네들은 그럴 필요가 없었거든요. 놀고 싶으면 놀고, 공부하고 싶으면 공부하고, 원하는 대로 할 수 있었어요. 저처럼 농사짓는 집 아이들은 닭, 돼지, 소, 염소 등 가축들 돌보랴, 이것저것 농사 심부름하랴, 자유시간이 거의 없었지요. 그래서 그런지 시장터 아이들은 대개 공부도 잘했어요. 철우도 우리 반 우등생 중 한 명이었거든요. 그러니 영어단어 시험쯤이야 만만하게 보았던 거지요.

저는 걱정이었어요. 철우는 시험 전날 5시간 동안 벼락치기로 외우면 된다지만 저는 그게 불가능했거든요. 집안 농사일을 거들어야 했기 때문에 5시간을 마음대로 쓸 수 있다는 보장이 없었어요.

'그럼 앞으로 7일간 매일 10분씩 영어단어를 외워볼까?'

저는 종이를 길게 잘라 밥풀로 이어 붙이고, 그 위에 단어 100개를 깨알같이 썼어요. 그런 다음 종이를 필름처럼 돌돌 말아 항상 가지고 다니면서 남들이 안 볼 때 슬쩍슬쩍 돌려보며 외웠지요. 주로 호젓한 고개를 오르내리며 외웠어요.

드디어 일주일이 지났어요. 시험 보는 날 아침, 등굣길에 철우를 만났지요.

"철우야, 영어단어 다 외웠니?"

"물론이지. 어제 5시간 동안 바짝 다 외워버렸어. 넌?"

"난 7일간 하루 10분씩밖에 공부 못했어."

"에게? 그럼 겨우 70분밖에 못했네? 그래 가지고서야 시험 잘 볼 수 있겠니?"

철우는 어이없다는 듯 혀를 찼어요. 그럴 만도 했지요. 철우는 5시간 동안 집중적으로 외웠고, 저는 7일간 하루 10분씩, 그러니까 총 70분밖에 외우지 못했거든요. 그러면 과연 누가 시험을 잘 보았을까요?

"에잇! 이번 시험은 망쳤어! 겨우 80점밖에 안 되다니!"

이렇게 소리친 아이는 바로 철우였답니다. 그럼 저는 몇 점 받았을까요? 와우, 대박! 100점이었어요!

	총 암기시간	암기방식	시험 결과
철우	5시간	시험 전날 벼락치기	80점
나	1시간 10분	7일간 하루 10분씩	100점

왜 이런 결과가 나왔을까요? 제 머리가 철우보다 좋았기 때문일까요? 결코 아니지요.

해답은
공부 시간을
어떤 방식으로
투자했느냐에
있어요.

저는 시험 하루 전날 집중적으로 5시간을 공부한 철우와 는 달리 10분이라는 적은 시간을 7일 동안 꾸준히 투자했 어요. 즉 적은 시간을 투자하고도 최고의 결과를 얻은 것이 지요.

저는 그때부터 아주 쉽게 단어를 외우게 됐어요. 책상 앞에 달라붙어 누런 연습장에 까맣게 써가며 외우는 건 썩 좋은 방법이 아니라는 걸 깨달았거든요. 지금도 책을 보다가 생소한 단어와 만나면 쪽지나 달력 귀퉁이에 간단하게 메모해뒀다가 며칠 후 한 번, 일주일 후 한 번, 그리고 한 달쯤 후 또 한 번, 이렇게 쓱 훑어보는 방식으로 외우고 있어요. 그러면 대개 영구적으로 암기되거든요.

제가 보도국 경제부 기자로 일하던 시절, 미국 대학원으로 연수를 가기 위해 대학원 자격시험 격인 GRE를 쳐본 적 있었어요. 그런데 그 시험을 위해 따로 공부하지 않았는데도 영어독해와 문법, 단어 부분에서 최상위 1%에 들었거든요. 물론 미국 학생들의 점수까지 포함해서였어요. 궁금하지 않나요? 어떻게 이런 효과가 나타나는지? 사실 저도 그때까진 체험적으로만 그 효과를 알고 있을 뿐이었어요. 그러다가 오랜 세월이 지난 뒤에야 비로소 과학적 이유를 알게 됐지요.

헤르만 에빙하우스Hermann Ebbinghaus라는 독일의 심리학자가 있어요. 그는 시험에 자주 실패하곤 했지요. 중요한 시험에서는 평소 시험 때보다 점수가 더 안 나오곤 했대요. 소문난 노력파였는데도 그랬다네요. 속상하고 억울했을 거예요. 그러다 보니 시험에 대한 콤플렉스가 심했답니다.

에빙하우스는 나중에 심리학자가 된 뒤에도 이런 궁금증을 계속 품고 있었어요.

'아무리 달달 외웠던 것도 왜 시험 보는 순간엔 깜빡하는 걸까?'

그는 스스로 무수한 암기시험을 치러가며 연구한 끝에 마침내 이런 결과를 얻었어요.

"사람들은 아무리 달달 암기했던 것이라도 1시간만 지나면 55%, 하루 지나면 67%, 한 달쯤 지나면 90%를 망각하게 된다."

이것이 에빙하우스가 발견한 이른바 '망각의 곡선'이에요. 이 곡선이 말해주듯 무엇이든 완벽하게 기억하려면 단번에 몰아서 외우는 건 큰 소용없다는 거예요. 한 달쯤 지나면 어차피 90%는 까먹게 되니까요.

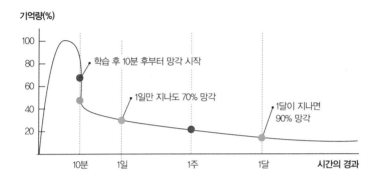

기억량(%)

학습 후 10분 후부터 망각 시작

1일만 지나도 70% 망각

1달이 지나면
90% 망각

10분   1일   1주   1달   시간의 경과

제가 철우보다 영어단어 시험을 더 잘 볼 수 있었던 것도 하루 10분씩 며칠에 거쳐 수차례 반복해서 암기했기 때문이지요.

에빙하우스는 전혀 생소한 단어 100개를 만들어놓고, 하루 동안 완벽하게 외우기 위해서는 얼마나 많이 반복해야 하는지 실험해보았어요. 벼락치기를 했던 거예요.

'와! 무려 예순여덟 번이나 반복해서 외워야 겨우 완전히 암기되네!'

	암기시간	반복횟수
방법1	하루에 전부 외우기	총 68회 반복
방법2	3일간 나누어 외우기	총 38회 반복

에빙하우스가 단어 100개를 외우는 데 걸린 암기 횟수

이번엔 하루 만에 벼락치기로 암기하는 대신, 3일에 걸쳐 암기해보았어요. 나누어 암기했더니 총 서른여덟 번 반복만으로도 완벽하게 암기되었답니다. 이제 나눠서 하는 게 노력과 시간이 훨씬 덜 든다는 것을 알겠지요? 이처럼 한꺼번에 암기하는 것보다 시간적 간격을 두고 나누어 암기했을 때 암기 효과가 더 좋아지는 현상을 '간격효과'라고 하지요.

1981년 프랑스 심리학자 블룸Kristine Bloom과 슈엘Thomas Shuell도 비슷한 실험을 했어요. 학생들을 두 그룹으로 나누어 프랑스 단어 20개를 외우도록 했지요.

첫 번째 그룹에게는 이렇게 말했어요.

"딱 한 번의 기회입니다. 30분간 열심히 암기해보세요."

그리고 두 번째 그룹에게는 다르게 말했어요.

"3일간 하루 10분씩의 시간을 드릴게요. 열심히 암기해보세요."

수업이 끝난 직후 실시한 시험성적은 두 그룹 간에 별 차이가 없었어요. 그래서 4일 후 또 한 차례의 시험을 치르도록 했지요. 이번에는 결과가 달랐어요. 3일에 걸쳐 나눠 암기한 학생들은 15개를 기억한 반면, 30분간 집중적으로 한 번에 암기한 학생들은 겨우 11개만 기억해냈던 거예요.

우리의 뇌는 반복적으로 같은 내용이 간격을 두고 들어오면 중요하다고 판단해요. 그래서 정보를 관장하는 시냅스가 장기기억장치로 그 내용을 보내 오래 기억하게 합니다.

바릭Harry Bahrick과 펠프스Elizabeth Phelps라는 또 다른 심리학자들은 1987년에 다음과 같은 실험을 했어요. 스페인 단어 50개를 각각 A, B, C반으로 나눠 일고여덟 번씩 암기하도록 한 거예요. A반은 10분 간격으로 암기와 복습을 반복하도록 하고, B반은 하루 간격으로, C반은 30일 간격으로 암기와 복습을 되풀이하게 했어요.

암기 직후의 성적은 각 반 모두가 평균 100점에 가까웠지요. 하지만 8년 후에 다시 시험을 쳤더니 어마어마한 차이가 벌어졌어요. 10분 간격으로 암기했던 A반은 고작 6%, 하루 간격으로 암기했던 B반은 8%만 기억해냈답니다. 반면 30일 간격으로 암기한 C반 학생들은 놀랍게도 83%나 기억하고 있었대요. 놀랍지 않나요?

암기 간격을 더 크게 벌리면 결과가 어떨까요? 바릭과 동료학자들은 이번에는 사람들의 암기 간격을 14일, 28일, 56일로 활짝 늘려 보았대요. 암기 횟수도 열세 번에서 스물여섯 번으로 늘리고요. 그런 다음 1년 후, 2년 후, 3년 후, 그리고 5년 후 과연 얼마나 기억해내는지 추적해보았답니다. 결과는 예상 적중! 역시 암기 간격이 벌어질수록 성적도 좋았답니다.

14일 간격으로 암기했던 사람들이 56일 간격으로 암기했던 사람들과 같은 수준의 성적을 거두려면 두 배나 더 많은 시간을 투자해야 했거든요. 어떤가요? 이제 간격효과를 분명히 알겠죠?

벼락치기로 한꺼번에 왕창 외우는 건 지극히 비효율적이라는 겁니다. 생각만큼 또 노력만큼 점수가 안 나온다는 거예요. 그보다는 시험 몇 주 전부터 미리 조금씩 나누어 외우면 훨씬 더 많은 것을, 훨씬 더 수월하게, 훨씬 더 오래 기억할 수 있어요.

메뉴를 달달 외우는
웨이터에게 얻은 암기 비법

제가 간단한 질문 두 가지만 던져볼게요.

1 기말시험이 일주일 앞으로 바짝 다가왔어요. 시험과목은 모두 일곱 가지.
   과목은 많고 시간은 촉박하지요. 하루에 한 과목씩 마무리 짓는 게 나을까
   요, 아니면 하루에 1시간씩 여러 과목을 번갈아 공부하는 게 나을까요?

2 보검이와 유정에게 각각 3시간의 공부시간이 주어졌어요. 보검이는 3시간 동안 한 번도 쉬지 않고 열심히 공부만 했고, 유정이는 50분간 공부하고, 10분씩 휴식시간을 가졌어요. 짧은 휴식시간 동안 누워있기도 하고, 음악을 듣기도 하고, 산책도 했어요. 그럼 누가 더 시험에서 많은 것을 기억해냈을까요?

헷갈린다고요? 이에 대한 답은 오래전 러시아의 심리학자 블루마 자이가르닉Bluma Zeigarnik이 알아냈어요.

어느 날 그가 커피숍에서 커피를 마시던 중이었어요. 커피숍 웨이터들이 손님들의 주문을 받는 걸 보고는 입이 딱 벌어졌지요.

'아니, 저럴 수가! 손님 20명의 주문 내용을 종이에 받아 적지 않고도 척척 외우다니!'

아마 모두 음식점에서 직원이 한꺼번에 여러 명의 주문을 쉽게 외는 걸 보았을 거예요. 어떤 직원은 무려 50명의 주문을 정확하게 기억해낸다니 정말 신기하지요? 그런데 더 신기한 일은 바로 그다음에 벌어졌어요.

경이로운 기억력을 발휘하던 웨이터들이 일단 주문을 받아 주방에 넘기고 나면 주문 내용을 거의 깡그리 잊어버리는 거예요. 또 주문한 음식을 틀리지 않고 손님 테이블에 놓자마자 그 손님에게 어떤 음식을 갖다 줬는지조차 가물가물한 거예요.

'거 참, 아리송하기 짝이 없네. 주문 내용을 척척 기억할 때는 언제고, 주문 업무가 끝나자마자 언제 외웠느냐는 듯 싹 잊어버리다니!'

웨이터들은 임무를 완료하기 직전까지 어떻게 어마어마한 기억력을 발휘하는 것일까? 심리학자 자이가르닉은 그에 대해 곰곰이 생각해보았어요.

'업무를 끝내지 않으면 마음이 긴장되기 마련인데, 그 때문에 잘 기억하게 되는 걸까?'

자이가르닉은 그 궁금증을 해결하기 위해 실험을 해보았어요. 사람들을 불러모아 놓고 구슬을 꿰거나 화분을 그리는 일을 시켜본 거예요. 절반의 사람들에게는 업무를 완료하도록 그냥 내버려 두었지요. 반면 나머지 절반에게는 업무 수행 중에 갑자기 말을 걸거나 엉뚱한 일을 시켜서 업무를 끝내지 못하도록 방해했어요. 마침내 주어진 실험시간이 끝났어요. 자이가르닉은 사람들이 업무내용을 얼마나 잘 기억하는지 질문해보았어요.

"꿰던 구슬은 대략 몇 개쯤 됐죠?"

"그리던 화분의 꽃잎 모양은 어떤 것이었죠?"

실험 결과는 어땠을까요? 아무 방해 없이 업무를 완료한 사람들은 업무내용을 제대로 기억하지 못했어요. 웨이터들이 주문을 받아 주방에 넘겨버린 뒤 손을 탁탁 털고 나면 싹 잊어버리는 현상과 흡사했지요.

반대로 업무 수행 중 방해를 받아 일을 끝까지 못한 사람들은 업무내용을 2배나 더 정확하게 기억해냈어요. 이 역시 웨이터들이 주방에 주문을 넘기기 직전까지 생생한 기억력을 발휘하는 것과 비슷했어요. 왜 이런 현상이 일어나는지 궁금하지요?

'사람들은 하던 일을 완전히 마무리 짓지 못하면 어째서 기억을 잘하게 되는 거지?'

자이가르닉은 실험에 참가한 사람들과의 대화를 일일이 분석해보았어요. 그러고는 이런 결론을 내렸지요.

"하던 일을 끝마치지 않고 중간에서 멈추면 마음이 홀가분하지 않다. 못 마친 일이 마음에 걸려 뭔가 불편하고 찜찜하고 불안하다. 그래서 자연히 '심리적 긴장' 상태가 되고, 그러다 보면 마음 한구석에 한창 재미있는 타이밍에 끝내며 다음 회를 보게 만드는 드라마를 생각하면 '자이가르닉 효과'를 쉽게 이해할 수 있어요. '자이가르닉 효과'는 다른 말로 '미완성 효과'라고 하기도 해요.

걸려 있는 일이 잊혀지지 않고 생생히 기억될 수밖에 없다."

시험 본 직후의 기분을 생각해보세요. 잘 푼 문제는 잘 기억나지 않지만, 끙끙대다가 못 푼 문제는 머리에 꽉 차올라 마음을 괴롭히며 너무나도 생생히 기억되지 않나요?

시험공부를 할 때도 마찬가지예요. 공부하던 내용을 완전히 마무리 짓는 것보다는 마무리 짓지 않고 중간에 갑자기 멈춰버리면 기억이 훨씬 더 잘 나지요. 이런 현상을 자이가르닉의 이름을 따서 '자이가르닉 효과(Zeigarnik Effect)'라고 불러요. 러시아 사람의 이름을 따서 발음이 좀 어려워요. 이제 제가 던진 두 가지 질문에 대한 답을 알 수 있겠죠?

시험과목이 많을 땐 한 과목씩 완전히 마무리 지어가며 공부하는 것보다는 여러 과목을 각각 1시간 정도씩 번갈아가며 공부하는 게 훨씬 잘 기억되지요. 마무리된 과목에 대해서는 두뇌가 이렇게 생각하기 때문이에요.

'이 과목은
개운하게 마무리됐어.
그러니까 일단
잊어버려도
좋아.'

또 보검이처럼 3시간 동안 단 한 번도 쉬지 않고 공부하는 것보다는, 유정이처럼 50분간 공부하고 10분씩 휴식하는 게 성적을 올리는 비결이에요. 왜냐하면 휴식 횟수가 많아지면 마무리 짓지 못한 횟수도 늘어나서 그만큼 생생하게 기억되는 부분이 많아지기 때문이죠.

심리학자들이 실험을 해보았더니 실제로 사람들은 맨 처음 본 것과 맨 나중에 본 것을 가장 잘 기억하는 것으로 나타났어요. 그러니까 공부하면서 휴식을 자주 취할수록 잘 기억되는 첫 부분과 끝 부분도 많아지는 거예요. 반면 장시간 쉬지 않고 공부하면 아무리 집중력이 강한 사람이라도 기억할 수 있는 내용이 줄어들 수밖에 없어요. 그러니 무작정 몇 시간씩 쉬지 않고 공부하는 것보다 사이사이 자주 쉴수록 공부 내용이 제자리에 탁탁 들어가 저장된다는 걸 알아야 해요.

그리고 또 한 가지. 휴식을 취할 때는 하던 공부를 아무 미련 없이 갑자기 멈춰야 기억효과가 더 크답니다.

'그래도 공부하던 내용을 다 마무리 짓고 쉬어야지.'

이렇게 쉬는 건 기억효과를 높이는 데 전혀 도움이 안 돼요. 그래서 쉴 때는 산책, 스트레칭, 가벼운 운동, 음악감상 등 공부와는 전혀 다른 걸 하는 게 좋답니다.

단, TV 시청은 금물. TV 시청은 지극히 수동적인 두뇌 활동이기 때문이에요. 휴식이 끝난 다음에는 가급적 가장 취약한 과목으로 공부를 다시 시작하는 게 좋아요. 누구나 쉬고 난 후에 뇌의 컨디션이 가장 좋기 때문이지요.

내 비 게 이 션 **7**

원하는 점수로 직진하는
이미지 훈련법

제가 대학에서 강의를 할 때 상습적으로 리포트를 늦게 내는 학생이 있었어요. 그 버릇을 어떻게 고쳐줄 수 있을까 생각하다가 리포트 과제를 내주고 나서 그 학생을 따로 불러 실험 삼아 이렇게 물어보았어요.

"이번 리포트는 무슨 요일에 쓸 거죠?"

그가 머리를 긁적거리더니 대답했어요.

"아마, 금요일쯤엔 쓸 수 있을 거 같아요."

"금요일 몇 시쯤?"

"글쎄요, 아마 저녁 먹고 9시쯤에는 시작할 수 있을 것 같아요."

"밤 9시라. 그럼 어디서 쓸 건가요?"

"그거야 물론 제 방에서 써야죠."

그러고 나서 일주일 후 깜짝 놀랄 일이 벌어졌어요. 강의 시작 전에 그 학생이 웃으면서 앞으로 나오더니 리포트를 가장 먼저 제출하는 거 아니겠어요?

공부를 할 때도 마찬가지예요. 만약 생각처럼 공부를 하지 못했다면 그건 그 과정을 구체적으로 머릿속에 미리 그려 넣지 않았기 때문이죠. 세상에 과정 없는 결과는 없어요. 언제, 어디서, 어떻게 실행할 것인지를 이미지로 구체적으로 그려 놓으면 그대로 이뤄질 가능성도 그만큼 높아지죠. 과정이 구체적일수록 이미지도 그만큼 더욱 선명하게 그려져요.

스포츠 선수들도 이미지 훈련을 많이 합니다. 선수들은

경기 과정을 최대한 생생하게 그리고, 그러다 보면 우승컵을 거머쥔 장면도 쉽게 그려볼 수 있어요.

'내가 이만큼, 이런 과정으로 훈련하면 우승할 거야.'

라는 이미지가 만들어지는 거지요. 만약 과정을 생략한 채 억지로 우승컵 이미지만 그리려 들면 무의식적으로 의심이 스며들어 이미지가 제대로 그려지지 않아요. 그래서 그 과정을 최대한 자세히 납득할 만하게 그려야 하지요.

이 분야의 세계 최고 권위자인 뉴욕 대학의 골비처Peter

메이저리거 추신수 선수는 경기를 앞두고 일어날 모든 변수에 대해 세세하게 생각한다고 해요. 그러면 돌발 상황이 생겼을 때 당황하기보다 대범하게 대처할 수 있다고 합니다.

Gollwitzer 교수와 독일의 심리학자 브란트스타터Vero nika Brandstatter 교수는 이미지 훈련을 실험으로 확인했어요. 그들은 이틀간의 크리스마스 연휴가 시작되기 전 독일 대학생들에게 이런 주문을 했지요.

"여러분은 크리스마스이브를 어떻게 보낼 거죠? 어떻게 보냈는지에 대한 에세이를 써서 12월 26일까지 완성하도록 하세요."

그런 다음 학생들을 A, B 두 그룹으로 나눠 B그룹 학생들만 따로 불러 물어보았어요.

"여러분은 언제, 어디서, 어떻게 에세이를 쓸 생각인가요? 구체적으로 말해보세요."

학생들은 제각기 대답했어요.

"저는 크리스마스 날, 아침 일찍 일어나 쓸 계획이에요. 다른 식구들이 일어나기 전 아빠 책상에서 조용히요. 아빠의 볼펜을 쓸 거예요."

"저는 식구들과 아침 식사를 마치자마자 후다닥 해치울

거예요."

교수들은 에세이가 완성되면 우편으로 보내달라고 요청했어요. 그리고 크리스마스 연휴가 끝났고 두 그룹 중 어느쪽이 목표를 더 많이 달성했을까요?

A그룹 : 12월 26일까지 쓰겠다는 목표만 정해놓은 학생들.

→ 평균 7.7일 걸려 에세이 완성.

B그룹 : 언제, 어디서, 어떻게 쓰겠다는 구체적인 실행 과정까지 그려본 학생들.

→ 평균 2.3일 만에 에세이 완성.

에세이를 완성하는 데만 차이가 벌어진 게 아니에요. A그룹은 완성한 에세이를 제출하는 데도 또다시 시간을 질질 끌었어요.

A그룹 : 평균 12.6일 만에 에세이 제출.

B그룹 : 평균 4.9일 만에 에세이 제출.

자, 그렇다면 두 그룹 중 어느 쪽이 에세이 제출이라는 최종 목표를 더 많이 달성했을까요?

A그룹 : 32퍼센트만 에세이 제출.

B그룹 : 75퍼센트가 에세이 제출.

왜 이런 차이가 날까요? 교수들은 이렇게 대답했어요.

"크리스마스 날 아침 일찍, 아빠의 책상에서, 아빠의 볼펜으로 에세이를 쓰겠다는 식으로 실행 과정을 구체적으로 그리면 이미지도 그만큼 생생해집니다. 하지만 과정이 막연하면 목표를 달성하려는 이미지가 생생하게 그려지지 않아요."

이미지가 생생할수록 현실로 나타날 가능성도 높아지는 거예요.

우리는 목표를 세우라는 말을 자주 하지만, 목표를 세우기 위해 어떤 과정을 거쳐야 하는지는 생략하는 경우가 많아요. 그리고 막연히 노력한다면 목표를 이룰 수 있다고 여기지요. 하지만 막연한 노력은 시간만 들이고 성과로 이어지지 않는 경우가 많습니다. 그래서 공부에도 크고 작은 목표와 세세한 계획이 필요한 거지요.

'다음 시험에는 평균 10점을 올리겠어!'라는 목표가 있다면 언제, 어디서, 어떻게 할 것인지 구체적으로 떠올려보세요. 그리고 그 이미지를 따라가다 보면 생각보다 더 좋은 결과를 얻을 수 있습니다.

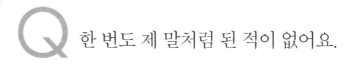
Q 한 번도 제 말처럼 된 적이 없어요.

엄마가 다음 시험에 성적을 얼마나 올릴 수 있냐고 물어보시면 저는 늘
자신 있게 말해요.

"평균 10점 상승!"

그런데 한 번도 제 말처럼 성적이 오른 적은 없었어요. 이게 반복되니까
엄마가 점점 제 말을 믿어주지 않는 것 같아요. 또 성적 말고 다른 일에서
도 차츰차츰 저를 잘 안 믿어주셔서 화가 나요. 물론 저한테도 문제가 있
어요. 생각해보니 저는 말만 해놓고 실행하는 것에는 별로 변화가 없었거
든요. 하지만 저도 정말 성적이 올랐으면 좋겠어요!

엄마하고 사이도 안 좋고 성적도 별로다 보니까, 저 자신이 뭐 하나 제대
로 하는 게 없는 불량품 같기도 하고 의기소침해져요. 그렇다고 말까지
자신 없게 하긴 싫어서 엄마가 물으면 또 자신 있다고 대답해요. 엄마는
대놓고 거짓말하지 말라고 하진 않지만 저를 말만 앞서는 아이라고 여기
는 것 같아요. 이 악순환을 어쩌지요?

다른 친구들은 목표한 대로 성적이 올라가는 경우도 있더라고요. 어떻게
그럴 수 있는 거죠? 그냥 노력하면 되는 건가요? 그 친구들 보면 전 참
신기하더라고요.

A 이미지 훈련을 통해 자신에 대한 믿음을 회복할 수 있어요.

누가 나를 믿어주지 않으면 참 속상하죠? 그것도 매일 마주하는 엄마가 그런다면 정말 속상해요. 그런데 사람 사이에서 믿음은 그냥 생겨나지 않아요. 믿게 만드는 근거가 차곡차곡 쌓일 때 만들어지지요.

학생은 엄마와의 신뢰 회복 이전에 자기 자신과의 신뢰 회복이 더 필요해요. 스스로를 믿지 못하는 사람은 아무것도 할 수 없거든요. 여기에 대한 해답은 이미지 훈련이에요. 지금 학생이 말하는 '평균 10점'을 올리는 목표는 굉장히 막연해요. 그래서 말하는 순간 허공으로 날아가 버리지요. 그것이 날아가지 않도록 꽉 잡아놓는 역할을 하는 게 바로 이미지 훈련이에요.

'평균 10점 상승'이라는 목표를 세웠으면 이것을 어떻게 이루어 갈지 머릿속에 이미지로 먼저 그려 넣어야 합니다. 학습계획표도 노트에 대략 짜는 게 아니라 머릿속에서 먼저 반복해서 짜봐야 해요. 단 세세하게 짜야 해요. 내가 하루에 얼마의 시간을 공부에 쓸 수 있나 정확한 계산이 나올 때까지요. 그리고 그 시간을 어떻게 활용할지까지요.

스포츠 선수들도 이러한 이미지 훈련법을 통해 위기의 순간에도 '나는 할 수 있다'는 자신에 대한 믿음을 만들어 놓습니다. 리우 올림픽 금메달리스트 박상영 선수가 역전을 이뤄내기 전 '할 수 있다, 할 수 있다'라며 스스로에게 했던 주문도 이러한 이미지 훈련법을 통해 자신에 대한 믿음을 차곡차곡 쌓아놓았기 때문에 가능한 것이랍니다.

미리 바라보면 해결되는
시험 울렁증

고등학교 시절 시험지만 받아들면 너무 긴장해 얼굴이 벌게지고 손이 달달 떨리는 친구가 있었어요. 그래서 노력한 만큼 성적이 나오지 않았죠. 그 친구는 늘 시험만 끝나면 "오늘 시험도 또 망쳤어!"라고 버릇처럼 중얼거리곤 했어요. '시험 울렁증'에 걸린 거죠.

사실 시험 울렁증은 많은 학생이 갖고 있어요. 그런데 이 울렁증을 극복하는 방법은 의외로 간단해요. 그것은 바로 '미리 바라보기'입니다.

골비처 교수가 어느 날 실험을 했어요. 그는 수학 시험지를 갖고 시험장에 들어가 학생들에게 엄포를 놓았지요.

"오늘 치는 시험은 아주 어려워요. 많은 집중력과 사고력이 필요하죠."

그 말을 듣고 학생들은 굉장히 불안해졌어요. 그런데 설상가상으로 교수는 시험장 안에 있는 컴퓨터 스크린에 시끄러운 동영상 광고까지 틀어놓았지요. 집중력을 흐트려 놓는 소음까지 겹치니 학생들은 더 불안해졌어요.

그런 다음 교수는 학생들을 강의실 오른편과 왼편으로 갈라놓고 오른편 학생들에게 이렇게 말했어요.

"시험을 치르면서 동영상 광고가 거슬리면 '수학문제에만 집중해야지' 하고 생각해보세요."

동영상으로 인해 불안해진 마음을 외면하고 목표에만 집중하라는 얘기였지요.

그런데 왼편 학생들에게는 다르게 말했어요.

"시험문제를 풀면서 동영상 광고가 거슬리면 '그냥 무시하면 되지' 하고 생각해보세요."

불안한 마음이라는 장애물을 외면하지 말고, 오히려 정면으로 바라보고 그 해결책까지 미리 생각해보라는 얘기였습니다.

그렇다면 불안을 억누른 오른편 학생들과, 장애물에 대한 해결책까지 미리 생각해둔 왼편 학생들 중에 과연 어느 편 학생들이 문제를 더 많이 풀었을까요? 결과는 이랬어요.

오른편 학생들 : 수학에만 집중해야지.

→ 54문제를 풀었다.

왼편 학생들 : 광고가 나오면 그냥 무시하면 되지.

→ 78문제를 풀었다.

불안한 마음이 들 때 의지로 극복하려고 하면 오히려 역효과가 날 때가 있어요. 억누를수록 더욱 거세게 일어나는 생각의 속성 때문이죠. 그럴 때는 덮어버리려거나 저항하지 말고, 있는 그대로 바라보고 그냥 흘러가도록 내버려 두는 게 훨씬 나아요. 앞으로 시험을 앞두고 울렁증이 생긴다면 조용히 자신에게 이렇게 말해주세요.

골비처 교수는 'if-then' 공식을 만들 때 될 수 있으면 시간과 장소, 사건까지 고려해 만들라고 해요. 그래야 공식을 대입할 일이 벌어졌을 때 몸과 마음이 자연스럽게 반응하니까요.

"만일 시험을 칠 때 불안한 마음이 생기면, 그럼 무시하면 되지 뭐!"

이렇게 미래에 생길 수 있는 불안한 마음을 미리 바라보면 설사 불안한 마음이 닥치더라도 금방 다스릴 수 있어요. 그리고 이것이 바로 골비처 교수가 개발해낸 '걸림돌 자동 제거 장치 if-then(만일 ~하면, 그럼 ~하면 되지 뭐)' 공식이에요.

알코올 중독자들은 '난 앞으로 절대 술 안 마시겠어!' 하고 아무리 결심해도 막상 술을 보는 순간 그 결심이 온데간데없이 증발해버린다고 해요. 음주 욕구가 잠재의식에 깊이 각인돼 있으니 의지만으로 눌러버리기 어려운 거지요. 따라서 마음속으로 잠재의식에 신호를 보내야 합니다. 'if-then' 공식을 사용해서요.

"만약 술을 마시고 싶으면, 껌을 씹으면 되지 뭐(혹은 물을 마시면 되지 뭐.)."

이렇게 해결책까지 미리 상상해두면 설사 술자리에 앉아 있더라도 유혹에 쉽게 넘어가지 않아요.

외팅겐과 골비처 교수는 독일 고등학교 5학년 여학생들을 두 그룹으로 나누어 수학시험을 치도록 해보았어요. 객관식 14문제를 푸는 거였는데 시험을 치기 전 A, B 두 그룹에게 똑같이 다음과 같은 지시사항을 읽고 외우도록 했습니다.

"나는 최대한 많은 문제를 침착하게 풀 것이다!"

그런 다음 B그룹에게만 따로 다음과 같은 내용을 추가로 암기하도록 했어요.

"만일 어려운 문제와 마주치면 '난 풀 수 있어' 하고 다짐해야지!"

목표를 실행해가는 과정에서 풀기 어려운 장애물이 나타나더라도 그 장애물에 대한 마음가짐까지 상상해두라는 말이었어요. 그럼 어떤 그룹이 더 많은 문제를 풀었을까요?

난제를 미리 상상한 B그룹이 두 배나 더 많은 문제를 풀었답니다.

왜 이런 현상이 생길까요?

가로등이 없는 깜깜한 밤길을 떠올려 보세요. 어디가 어딘지, 길에 돌멩이는 없는지 불안하죠? 하지만 만약 누군가가 야광등으로 한번 길을 쫙 비춰주고 지나간다고 상상해 보세요. 길 위에 어떤 장애물이 있는지 대충 눈에 들어오겠죠? 바로 그겁니다.

미래의 장애물을 마음속으로 미리 바라보게 되면 실제 장애물이 닥쳐도 무사히 피해갈 수 있게 됩니다. 내 마음에게 장애물을 피해가는 방법을 찾도록 시간을 주는 것이죠.

내일 배울 내용을 미리 예습하면 학습 효과가 크게 달라지는 것과도 비슷한 이치예요. 장애물과 미리 만나면 내 마음이 장애물을 극복할 방법을 스스로 궁리하게 됩니다.

공부를 돕는 발바닥

미국의 한 연구기관이 전국 고등학교 우등생들의 특징을 분석한 연구보고서가 있어요. 저도 그 논문을 유심히 읽어보며 고개를 끄덕였어요. 거기엔 다음과 같은 내용이 실려 있었어요.

"우등생들은 거의 공통적으로 규칙적인 운동을 한다. 아무리 공부시간에 쫓기더라도 반드시 하루 30분 이상 조깅, 걷기, 테니스, 농구, 혹은 줄넘기를 한다."

논문이라 해서 뭐 대단한 내용인가 기대했다가 시시하게 느껴질 수도 있어요. 하지만 우등생들이 매일 30분 이상 운동을 한다는 건 여러 가지를 시사해주는 이야기예요.

우선 그들은 목표가 뚜렷하다는 거예요. 사실 목표가 뚜렷하지 않고는 꼬박꼬박 운동하기가 어렵거든요. 또 그들은 공부를 잘하려면 강한 체력이 뒷받침돼야 한다는 걸 절감하고 있다는 사실이에요.

아무리
공부 욕심이
있더라도 체력이
안 받쳐주면

결국은 뒤처질 수밖에 없거든요. 그런데 흥미로운 것은 다음과 같은 문구였어요.

"우등생들은 지속적으로 발바닥을 자극시키는 운동을 한다. 우등생의 자리를 영구화시키는 무의식적인 행동이다."

우등생들이 즐기는 조깅, 걷기, 테니스, 농구, 줄넘기… 이 운동에는 어떤 공통점이 있을까요? 모두 발바닥을 집중적으로 자극하는 운동이었어요. 발바닥을 자극하는 운동이 성적과 관계가 있다는 얘기가 되는 거예요.

2007년 독일의 과학자들이 사람들에게 발바닥을 최대한 자극하며 걷도록 한 뒤 어휘력 시험을 치르도록 해봤어요. 그랬더니 정말 암기 속도가 20%나 빨라졌답니다.

인간의 발바닥에는 동양의학에서 말하는 용천湧泉이란 혈이 있어요. 용천에는 '생명의 기가 샘처럼 솟아오른다'는 뜻이 담겨 있지요. 발바닥 길이를 3등분 했을 때 앞쪽 3분의 1지점의 움푹 들어간 곳을 말하는데 용천을 잘 눌러주면 뇌에 불이 들어온다고 해요.

수험 공부는 긴 마라톤이라 든든한 체력이 필수예요. 또 운동은 스트레스를 풀어주고 집중력을 높여주기 때문에 공부 멘탈을 위해서 꼭 필요하지요.

인간의 뇌가 발달한 원인 중 하나가 바로 발가락 끝에 체중을 실어 돌아다니기 때문이라는 이론도 있어요. 잘 생각해 보세요. 네 발로 걷는 다른 동물들은 수백만 년의 세월이 흘러도 뇌가 진화하지 않았어요. 하지만 인간은 4백만 년 동안 두 발로 걸어 다니면서 뇌가 400g에서 1,500g 안팎으로 무지무지하게 커졌거든요. 저는 이것이 발바닥을 자극할수록 머리가 좋아진다는 말에 대한 생생한 증거라고 생각해요.

몇 시간 동안 꼼짝도 하지 않고 책상 앞에 앉아 공부만 해보세요. 머리가 지끈지끈 아파오고 눈도 충혈됩니다. 몸의 에너지가 머리에 몰리기 때문이에요.

아인슈타인의 말대로 인체를 포함한 만물은 에너지입니다. 인체라는 에너지 덩어리도 머리 한 곳에만 에너지가 장시간 몰려 있으면 균형을 잃게 돼요. 다리는 에너지가 정체

되어 푸석푸석해진다는 걸 느낄 겁니다.

따라서 공부하다가 머리가 꽉 막히는 듯하면 벌떡 일어나 무조건 걸어야 해요. 뛰거나 줄넘기를 해도 좋지요. 발바닥을 자극시키는 뭔가를 해야 해요. 그러면 차츰 머리가 맑아지는 걸 느낄 거예요. 뇌파가 달라지거든요. 머리에 몰려 있던 에너지가 다시 다리로 흘러가면서 몸 전체의 균형이 회복되기 때문입니다.

채점자의 마음을 사로잡는
논술 만점의 포인트

논술은 정답이 실체가 모호하다는 점이 있어요. 객관식 시험은 답이 명확하고 컴퓨터로 채점이 되기 때문에 오히려 공부하기가 간단하지만(또 모르겠으면 찍을 수도 있지만!) 논술은 그럴 여지가 전혀 없거든요.

　대부분의 학생이 글쓰기 연습, 논리력 훈련, 독서 등을 통해 논술을 준비해요. 하지만 정답이란 게 없기 때문에 지름길을 파악하기가 결코 쉽지 않죠. 이런 논술을 위해서 한 가지 제안을 하자면 시험지 너머에 채점자, 즉 사람이 있다는 걸 인식하는 거예요.

많은 학생이 표준 맞춤법을 공부해야 한다는 건 알지만 생각처럼 잘 갖춘 학생은 드물어요. 그리고 우리나라 맞춤법이 헷갈리는 게 워낙 많기도 하고요. 또 요즘에 워낙 인터넷 용어가 많기 때문에 인터넷 용어에 익숙해지다 보면 어느 것이 옳은지 판단이 어려울 때도 있어요. 사실 오탈자가 거의 없고 마침표나 느낌표 등을 확실히 찍으며, 단락 구분을 뚜렷하게 하는 것은 글쓰기의 기본이지만 이런 기본적인 사항을 잘 갖춘 논술 답안지는 흔치 않습니다.

그런데 논술을 채점하는 채점자도 사람이기 때문에 글쓰기의 기본을 잘 갖춘 답안지를 만날 때는 다소 다른 역량이 부족하더라도 좋은 인상을 받게 돼요. 그런 다음 주제를 분석하는 능력, 논리력, 사고력 등을 보게 되지요. 만약 오탈자 투성이에 이곳저곳 막 찍은 말줄임표로 채워진 답안지를 받게 되면 아무리 논리적 추리가 훌륭해도 '부정적 인식'이 채점자의 마음에 새겨져 좋은 글이 눈에 들어오지 않게 됩니다.

또 깨끗한 글씨체를 연습해 두는 것도 도움이 됩니다. 채점자는 수백 명의 답안지를 보게 되는데 악필인 글씨체보다 깨끗한 글씨체를 더 눈여겨보는 것이 당연해요. 그리고 글씨가 정돈이 안 되는데 과연 그 글씨로 쓴 논리가 정돈이 되겠냐는 말도 있고요. 예쁜 글씨까지는 아니더라도 알아볼 만큼이면 충분합니다. 또박또박 쓴 글씨체는 읽는 이에 대한 배려와 예의이기도 해요.

옳은 맞춤법과 글씨체를 갖췄다면 그다음에 해야 할 것이 분량 조절이에요. 논술은 제한된 글자 수 안에서 자신의 주장을 펼쳐야 해요. 그리고 각 대학은 제한된 글자 수의 10% 내외까지만 허용하지요. 그래서 논술을 연습할 때는 주장하는 바를 정리한 스토리보드를 만든 다음 거기에 살을 붙여 글자 수를 조정하는 걸 하게 됩니다.

이때 필요한 것은 결론 부분에 중점을 두게 글자 수 안배를 하고 결론을 뒷받침하거나 안내하는 부분에서는 간단하게 설명하는 연습을 하는 거예요. 이 연습도 시험지 너머에 '사람'이 있다는 것을 인식하면 보다 쉽습니다.

우리가 친구와 이야기를 할 때 장황하게 이야기를 하는 친구보다 일목요연하고 결론을 잘 설명하는 친구에게 더 호감이 가게 마련이지요. 논술도 이와 같아요.

'그래서 결론이 뭐야? 결론은 이야기 안 하고 지금 쓸데없는 설명만 잔뜩 하고 있잖아!' 하는 마음이 들지 않게 채점자와 대화하고 있다고 생각하며 다가선다면 보다 쉽게 논술과 만날 수 있어요. 내가 지금 시험지 너머에 있는 사람에게

내 주장을 받아들이게 하려면 어떻게 해야 할까,

하는 마음가짐으로 접근해야 한다는 것이지요.

어떻게 보면 컴퓨터로 채점하는 객관식 시험보다, 사람의 마음을 움직일 수 있는 논술이 더 좋은 점수를 받을 여지가 높을 수도 있습니다. 채점자의 마음에 '긍정적 신호'의 불만 켜지게 한다면요.

PART 3

'왓칭'으로

공부 멘탈을 단단하게

'왓칭'이라는 개념이 생소하게 느껴질 수 있어요.
집에서도, 학교에서도, 학원에서도 들어본 적이 없는 이
야기니까요.
제가 '왓칭'에 대해 연구한 것은 꽤 오래전부터지만, 우리
나라에 이 개념이 많이 알려진 것은 제가 2011년 《왓칭》
이라는 책을 출간하면서부터예요. 하지만 '왓칭'이라는
것은 저 혼자만 관심을 가지고 연구한 게 아니에요. 역사
에 남은 세계적인 물리학자들은 모두 다 '왓칭'에 관심이
있었어요.
양자물리학의 기초를 확립한 베르너 하이젠베르크라는
물리학자가 있어요. 노벨물리학상을 수상했지요. 이 분의
책 《부분과 전체》는 과학고전 필독서로 유명하죠. 서울
대 권장도서 100선에도 들어가 있어요. 이 분도 '왓칭'에
대해 관심이 많아서 이런 말도 남겼어요.
"우주의 무한한 가능성은 왓칭을 통해 비로소 눈앞의 현
실로 창조된다."
그 외 '왓칭'에 관심이 있고 그것을 충분히 체험했던 물리
학자로는 너무 유명한 두 분, 아인슈타인과 리처드 파인
만이 있어요. 파인만은 '왓칭이 모든 걸 바꿔 놓는다!'는
감탄의 말을 남겼어요. 그 외 노벨물리학상 수상자인 닐
스 보어, 막스 플랑크 이런 분들도 '왓칭'에 관심을 갖고
인생의 큰 변화를 체험하며 살았지요.

우리 머리는 고정된 게 아니야

'왓칭'이란
양자물리학에서 나온 개념

'왓칭(watching)'이란 대체 뭘까요?

　'관찰자 효과(observer effect)'를 통해 나의 모든 깃, 즉 나의 감정, 나의 몸, 나의 마음, 나의 지능, 나의 행동 등을 나와 분리시켜 보는 거예요. '관찰자 효과'라는 말은 양자물리학자들이 이름 붙였어요.

'미립자를 입자라고 생각하고 바라보면 입자의 모습이 나타나고 바라보지 않을 땐 돌연 물결로 돌변해 사라져버리는 현상'인데, 양자물리학에서 나온 개념이지요. **이것은 만물을 창조하는 우주의 핵심 원리라고 할 수 있어요.**

세상에는 두 가지 사람이 있습니다. 양자물리학을 받아들이는 사람과 받아들이지 못하는 사람. 받아들이는 사람에게는 놀랍고 새로운 변화의 세계가 열리지만, 받아들이지 못하는 사람에게는 뜬구름 잡는 이야기일 뿐이에요. 그런데 눈에 보이는 것만 믿는 사람은 양자물리학의 세계를 잘 받아들이지 못합니다. 저는 양자물리학을 이해하고 받아들이게 된 다음 놀라운 변화를 체험했어요.

사실 양자물리학의 '양자(퀀텀quantum, 아인슈타인이 만든 단어)'는 우리 생활 속에 아주 밀접하게 들어와 있어요. TV, 컴퓨터, 스마트폰, 신용카드 등에 사용되는 반도체는 양자론의 산물이에요. 거리에 나가보면 LED 신호등이 또 양자론의 산물이지요. 병원에 가서 검사받을 때 흔히 사용되는 X선 촬영 장치, MRI(자기공명영상법)와 같은 것도 모두 양자론의 산물이에요. 아무튼 우리에게 익숙한 현대 IT 문명은 양자론이 떠받치고 있다고 봐야 해요. 그런데 그 근본 원리는 너무 오묘해서 하나로 정리할 수 없어요. 그도 그럴 것이 우주가 작동하는 원리인데, 어떻게 하나로 정리될 수 있을까요?

양자물리학은 다음과 같은 질문에서 출발합니다.

'만물은 무엇으로 만들어져 있을까?'

그 궁금증을 풀기 위해 물리학은 우리 몸을 쪼개고 쪼개서 더 이상 쪼갤 수 없을 때까지 쪼개봅니다. 그러면 미립자가 나옵니다.

우리가 먹는 밥을 쪼개고 쪼개고 더 이상 쪼갤 수 없을 때까지 쪼개면? 역시 미립자가 나옵니다.

그럼 우리의 생각이 담긴 뇌파를 더 이상 쪼갤 수 없을 때까지 쪼개면? 그것도 역시 미립자예요. 눈에 보이는 것이든 안 보이는 것이든, 만물의 최소 구성 물질은 모두 다 미립자지요. 다시 말해 우주가 몽땅 흙으로 만들어져 있다면 미립자는 가장 작은 흙먼지인 셈이에요. 그렇다면 이 흙먼지, 즉 미립자의 정체는 뭘까요?

미립자의 정체를 파악하기 위해선 우선 다음과 같은 상상을 해봐야 해요. 미립자들을 어마어마하게 부풀려 야구공만 하게 확대시키는 상상. 그런 다음 자동발사기에 장전시킨 후 그 야구공을 하나씩 발사시키는 거예요.

이중슬릿 실험에 관한 그림을 하나 보여 드릴게요.

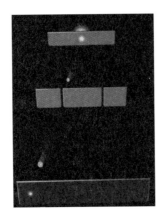

누군가가 바라보면 알갱이들이 두 슬릿을 각각 직선으로 하나씩 통과해 벽면에 알갱이 자국을 남긴다.

그림을 보게 되면, 중간의 벽에는 두 군데의 슬릿(slit, 가늘고 긴 틈)이 뚫려 있어요. 여러분은 거기를 향해 조금 전 자동 발사기에 장전시킨 미립자들을 발사합니다. 그럼 미립자들은 하나씩 직선으로 날아가 두 슬릿 중 한 곳을 통과하고 그 뒤에 벽면에 부딪혀 알갱이 자국을 남겨요. 그런데 여기까지 얌전히 저를 따라온 여러분은 어쩌면 이렇게 투덜거릴지도 몰라요.

'헐! 완전 노잼이야. 하나도 신기하지 않아. 뻥 뚫린 구멍을 통해 야구공을 던지는 것과 뭐가 달라?'

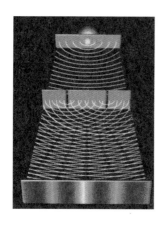

아무도 바라보지 않으면 알갱이가 물결처럼 두 슬릿을 동시에 통과해 벽면에 물결 자국을 남긴다.

하지만 잠시 냉장고에 넣어 둔 탄산수를 마시러 자리를

뜨게 되면 상황은 달라집니다. 그렇게 잠시 밖에 나갔다 돌아온 다음에는 소스라치게 놀라게 됩니다.

'아니, 이게 뭐지? 벽면에 알갱이가 아니라 물결 자국들이 나 있네?'

여러분이 바라보지 않는 사이에 자동으로 발사된 미립자들은 알갱이가 아니라 물결로 돌변해 두 슬릿을 통과한 것입니다. 따라서 슬릿 뒤의 벽면에는 알갱이 자국들이 아니라 여러 개의 물결들이 서로 간섭하면서 만들어낸 자국이 남은 거예요. 어때요? 신기하지 않나요?

'헐! 미립자들이 미친 건가? 아님 귀신에 홀린 건가? 내가 바라보고 있으면 미립자가 직선으로 날아가 알갱이 자국을 남기고, 바라보지 않으면 물결처럼 퍼져 나가 물결 자국을 남기다니….'

지금 상황을 정리해봅시다. 여러분이 미립자를 바라볼 땐 무의식적으로 '저건 고체 알갱이야'라고 생각하며 바라보게 돼요. 그래서 눈앞의 미립자의 모습이 나타나는 겁니다. 그렇다면 여러분이 미립자를 바라보지 않을 땐? '저건 고체 알갱이야'라는 생각도 안 하게 됩니다. 그래서 미립자는 눈에 보이지 않는 물결로 숨어버리는 거예요.

지금 제가 소개한 실험은 지난 1998년 양자물리학 분야에서 최고 권위를 자랑하는 이스라엘의 와이즈만 과학원이 실시한 이중슬릿 실험(double-slit experiment)이라는 거예요. 이 실험에 대해 급 관심이 생긴다면 구글 동영상 사이트에 들어가 'observer effect'를 검색해 보세요. 실험 과정을 자세히 볼 수 있어요.

사실 '이중슬릿 실험'은 1998년이 처음은 아니에요. 약 100년 전부터 시작되었지요. 지난 100년 동안 세계 최고의 물리학자들이 비슷한 실험을 해왔어요. 하지만 결과는 늘 똑같았어요. 즉 미립자들은 사람들이 어떤 마음으로 자기를 바라보는지 언제나 고성능 컴퓨터처럼 정확하게 읽고 거기에 맞춰 변화하는 거예요. **사람을 포함한 우주 만물은 미립자 덩어리입니다.** 따라서 우주 만물은 내가 어떤 생각을 품고 바라보는 순간, 그 생각대로 눈앞에 현실로 깜짝 등장하지요. 믿기지 않죠?

리처드 파인만도 사실은 믿기지 않았어요. '만물은 내가 바라보는 순간에만 깜짝 등장했다가 안 바라볼 땐 사라진다?' 하지만 아무리 실험을 해봐도 틀림없었어요. 그래서 이런 말을 했지요.

"이중슬릿 실험을 보면 우리의 마음이 어떤 원리로 만물을 변화시키고 새 운명을 창조해내는지 한눈에 알 수 있어요."

지능은 내가
생각하는 대로 변한다

양자물리학은 생각이 모든 현실을 창조한다는 사실을 명확하게 보여줍니다. 내가 어떤 생각을 품고 바라보냐에 따라 모든 것이 변화합니다.

우리가 가지고 있는 지능에 대한 2가지 고정관념도 와장창 깨져 버립니다. 첫 번째는 '지능은 타고나는 것'이라는 고정관념이고 두 번째는 '지능은 내 머릿속에서 나오는 것'

이라는 고정관념이에요. 이런 고정관념이 우리를 길들이게 되면서 우리는 '난 태어날 때부터 머리가 별로였어' 하는 생각을 하게 되는 것이죠.

그런데 문제는 '난 태어날 때부터 머리가 별로였어' 하는 생각을 계속 담고 있으면 정말 머리가 별로가 된다는 것입니다. 사실 우리가 늘 이런 고정된 생각을 머리에 담고 공부 좀 해보겠다고 학교든 학원이든 가서 앉아있다는 것은 어쩌면 매우 끔찍한 일인지도 몰라요. 왜냐하면 그래 봐야 아무것도 달라지는 게 없으니까요. 공부를 하러 귀한 시간을 바치고 있지만 결국 인생을 낭비하는 것과 같아요.

우리의 지능은 고정된 게 아니에요. 지능은 내가 바라보는 대로(='왓칭'하는 대로) 변화하는 것이지요.

앞에서 '내가 보는 대로 그 모양을 보여주는' 미립자의 원리가 곧 우주의 작동 원리임을 설명했지요. 지능이라는 것도 결국 쪼개고 쪼개고 쪼개면 미립자거든요. 그런데 내가 그 미립자를 바라보며 '너는 별로야'라고 계속 생각하면 그 미립자는 내 생각을 고성능 컴퓨터처럼 읽고 별로인 상태에 계속 머무르게 되는 거예요.

저는 아인슈타인에게서 많은 영향을 받았어요. 그래서 아인슈타인의 예를 한 번 들어 볼게요. 그가 천재과학자라는 것은 누구나 다 알지요. 그런데 아인슈타인이 진정 자기 머리 안에 있는 지능만으로 그 엄청난 우주적 이치를 알게 되었을까요? 단언컨대 아니에요. 그의 지능은 그의 머리 밖에서 왔어요. 그래서 아인슈타인과 같은 시대를 살았던 과학자들은 모두 아인슈타인의 두뇌가 어떻게 생겼는지 궁금했어요. 우주와 연결된 통로 같은 게 있지 않을까 궁금했던 거죠. 그런데 아인슈타인 자신도 마찬가지였어요. 스스로도 자신의 두뇌가 어떻게 생겼는지 궁금했던 거예요. 그래서 죽기 전에 다음과 같은 파격적인 유언을 남겼지요.

"내 시신을 화장해 가까운 강에 뿌리고, 묘지나 묘비를 만들지 말 것. 장례식도 열지 말 것. 그리고 나의 뇌를 꺼내 해부해볼 것."

유언에 따라, 프린스턴 대학병원의 하비Thomas Harvey 박사는 아인슈타인의 뇌를 포르말린에 넣어 보관해뒀어요. 이후 아인슈타인의 뇌는 이 손, 저 손을 거쳐 캐나다 맥매스터대학 과학자들의 손에 넘어갔어요.

그런데 아인슈타인의 뇌를 해부한 과학자들은 자신들의 기대와 달라서 실망하기도 하고 당황스럽기도 했어요. 아인슈타인의 뇌 무게는 1,230g으로 보통 사람들보다 오히려 10%나 작았거든요. 단지 수학과 공간적 사고를 관장하는 부분만 다른 사람들보다 15% 정도 더 컸고요. 그런데 이건 별로 특이한 현상이 아니에요. 왜냐하면 뇌는 원래 많이 쓰는 부위가 커지게 마련이거든요. 예를 들어 런던 택시기사들의 뇌를 CT나 MRI로 촬영해 봐도 지리나 공간을 관장하는 부위가 15% 정도 더 크게 나온다고 하니까요.

'아인슈타인의 뇌 자체에는 특별한 것이 없다니. 그럼 뇌가 천재를 만드는 것이 아니라는 건가? 뇌를 아주 작은 조각으로 쪼개서 확대해보면 뭔가 다른 게 있을 거야.'

과학자들은 뇌를 좀 더 정밀하게 들여다보기로 하고, 뇌세포를 현미경으로 확대해보았어요. 일단 섬유질이 보였어요. 섬유질을 더 확대했더니 분자들이 보였지요. 분자를 확대했더니 투명한 물질이 나오고요. 이 물질을 더욱 확대했더니 끊임없이 진동하는 원자 덩어리들이 있었어요.

과학자들은 그 원자를 1만 배로 확대해 들여다보았어요. 그랬더니 가운데에 폭 1mm 정도의 핵이 보였어요. 그 핵을 둘러싼 원자 궤도엔 전자들이 돌고 있고요. 나머지는 모두 텅 빈 공간이었지요. 텅 빈 공간! 핵도 마찬가지였어요. 확대해보면 결국, 대부분 빈 공간이었어요.

과학자들은 이렇게 말했지요.

"텅 빈 공간뿐이잖아? 그렇다면 아인슈타인 말이 맞긴 맞는 거야."

그도 그럴 것이 아인슈타인은 늘 '우주의 모든 존재가 허공이다'라고 했거든요. 바로 여기에서 과학자들은 '생각'이라는 것과 더불어 '마음'이라는 것의 비밀을 하나씩 풀어낼 수 있었답니다.

과학자들은 원자의 움직임을 좀 더 자세히 살펴보기로 했어요. 가운데에 있는 원자핵은 플러스(+) 전기를 띠고, 원자 주변은 마이너스(-) 전기를 띤 전자들이 돌고 있었어요.

"어라, 전자들이 원자 궤도를 돌며 지구처럼 자전하네?"

"이것 봐, 양극과 음극이 서로 회전하면서 전기를 일으키

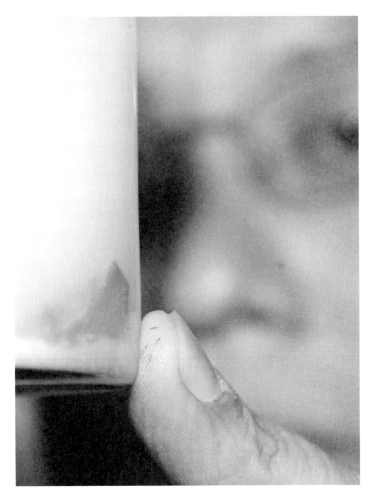

지난 2005년 한국의 과학자들이 '상대성원리 발견 100년'을 기념하는 아인슈타인 특별전 행사를 기획했다. 이때 사후 50년간 포르말린에 담겨져 보관된 아인슈타인의 뇌 중 일부가 우리나라에 왔다. '자신의 뇌를 해부해 보라'는 아인슈타인의 파격적인 유언 덕분이다. 사진은 2005년 한국에 왔던 아인슈타인의 뇌 중 한 조각이다.

고 있잖아!"

이렇게 미립자들이 끊임없이 움직이며 일정한 파동을 일으키고, 그 파동으로 에너지가 만들어지고 있었던 거예요. 이렇게 뇌에서 일어나는 움직임, 즉 파동은 좀 더 익숙한 말로 '뇌파'라 부르기도 해요. 바로 이 뇌파가 생각 에너지의 기본이 되는 에너지원인 거죠.

그런데 이런 파동 에너지는 사람만 갖고 있는 게 아니에요. 동물은 물론이고 식물까지 세상에 존재하는 모든 것은 고유의 파동 에너지를 갖고 있어요. 아인슈타인은 진작부터 이렇게 말했거든요.

"모든 물질은 파동 에너지 덩어리다."

60여 년 전 아인슈타인이 이렇게 말했을 때 과학자들은 그를 미쳤다고 조롱했어요. 하지만 과학기술의 발달로 그의 말은 사실임이 입증되었고, 그 과정에서 과학자들은 '생각도 파동 에너지'라는 것을 알아냈지요.

물리학에서 에너지란 일을 할 수 있는 능력을 말해요. 그러니까 '생각=에너지'라는 공식에서 생각이란 결국 '무언가를 해낼 수 있는 동력'이라는 말이지요.

여기서 중요한 것은 지능이 생각 에너지에 따라 변할 수 있다는 겁니다.

부정적인 마음으론
현실을 밝게 변화시킬 수 없어

러시아의 슈퍼헤비급 역도선수인 바실리 알렉세예프의 이야기를 해볼게요. 그는 역도계의 떠오르는 혜성으로 매번 기록을 경신하는 우수한 선수였어요. 그러다가 그의 신기록 행진은 250kg에서 딱 멈춰버렸어요.

알렉세예프는 이렇게 말했어요.

"내게 250kg을 들라고 요구하는 건 미친 거예요! 그건 불가능하죠!"

알렉세예프가 이렇게 말하는 것에는 근거가 있었지요. 관련 학문을 연구하는 학자들과 의사들이 모두 250kg이 인간의 한계라고 말해왔기 때문이었어요. 그는 그 주장을 믿었거든요.

그러던 어느 날 한 심리학자가 그의 트레이너를 찾아와 말했어요.

"역기 위에 251kg을 올려놓고 알렉세예프에겐 249.5kg 이라고 말해보세요. 어떤 현상이 일어나는지 실험을 해보면 좋을 것 같아요."

그다음에 무슨 일이 일어났을 것 같아요? 그 사실을 전혀 모르고 도전했던 알렉세예프가 251kg을 번쩍 들어 올렸던 거예요.

인간이 갖고 있던 심리적 장벽이 무너지면 현실적
한계 또한 무너뜨릴 수 있다는 것을 증명한 러시아
역도선수 바실리 알렉세예프.

나중에 트레이너가 그 사실을 알려주었을 때 그는 경악을 했지요. 자신이 상상도 못 하던 일이었으니까요. 그런데 더 놀라운 일이 또 벌어졌어요. 한 달 내에 다른 네 명의 선수도 연거푸 250kg을 넘어선 거예요. 알렉세예프도 그때부터 7년 동안 무려 80차례나 세계기록을 경신하면서 역도계의 전설로 불리게 되었어요.

어떻게 이런 일이 왜 일어날 수 있을까요?

심리적 장벽이 깨지자 잠자고 있던 능력이 거침없이 위력을 드러냈던 거예요. 육체적으로는 달라진 게 없었지만, 생각을 '가능하다'고 바꾸자 에너지가 솟아올랐던 거지요.

1마일 달리기 종목에서도 같은 일이 일어났어요. 1마일 달리기라는 것은 육상 경기의 일종인데, 말 그대로 1마일(1,609m)을 달리는 중거리 종목이에요. 마라톤에 비해 부담이 적으면서 마라톤만큼 운동효과가 뛰어나서 미국과 유럽에서 많이 즐기는 운동이지요. 그런데 수십 년간 내로라하는 세계 최고의 1마일 종목 선수들이 4분 안에 돌파해보겠다며 도전했지만, 모두 실패하고 말았어요. 언론과 전문가들은 열이면 열 모두가 인간이 1마일을 4분 안에 돌파하는 것은 불가능한 일이라고 했어요. 그러니 불가능한 것이 되어 버렸지요. 무리하게 4분 내에 달리면 폐와 심장이 파열돼 결국 사망할 거라고 경고하는 의사들도 있었어요.

하지만 1마일 달리기를 즐기는 영국 옥스퍼드대학 의대생 로저 배니스터Roger Bannister는 마의 1마일 4분 벽이 육체적 장벽이 아닌 심리적 장벽이라고 생각했어요. 그래서 그 벽에 한 번 도전해 보고 싶었지요.

1954년, 26세의 배니스터는 1마일 경기의 출발선에 섰어요. 400m 트랙을 60초 내에 한 바퀴씩, 모두 네 바퀴를 돌아야만 했어요. 그는 극한의 힘을 내서 달렸고 마침내 결승점에 들어오자마자 의식을 잃고 쓰러지고 말았어요.

4분이라는 인간의 벽을 현실적 한계가 아닌 심리적 장벽으로 보고 도전했던 로저 배니스터.

그런데 깨어난 그는 신기하게도 자신이 1마일을 3분 59초 4로 주파해내는 데 성공했다는 걸 이미 알고 있었대요.

생각을 다루는 것이 어렵고 귀찮게 느껴질 수도 있어요. 그런데 나의 생각을 다룰 수 있는 유일한 사람은 바로 '나 자신'이에요. 그래서 나의 생각을 키우고 가꾸는 것도 나의 몫이지요.

이렇게 일단 4분 벽이 깨지자 한 달 내에 다른 10명의 선수도 4분 벽을 깼고, 1년 후엔 27명이, 2년 후엔 300명의 선수가 무더기로 4분 벽을 돌파했어요. '아, 4분 벽은 깰 수 있는 거구나'라고 생각하니 에너지가 솟구쳐 오른 거지요. 이는 인간의 한계가 육체가 아니라 생각에 있었음을 보여주는 사례랍니다.

그러니 무엇이든 자신이 원하는 목표점에 다다르기 위해선 우선 부정적인 생각을 마음에 담지 말아야 해요. 그래서 부정적인 생각=괴물이고, 우리가 이 괴물을 잘 다스려줘야 현실의 변화를 만들 수 있는 겁니다.

화가 가득 차 있거나 실망하거나 부정적인 생각이 마음에 들어있을 때 몸에 기운이 쪽 빠지는 느낌을 경험한 적이 있을 거예요. 그리고 의욕 또한 없어지게 되지요.

생각 에너지는 어찌 보면 참 단순해요. '화난다', '싫다', '안 된다'는 부정적인 생각이 가득 차 있으면 그 사람의 에너지원이 바로 마이너스가 되어버려요. 하지만 '한다!'라는 실행 의지를 가지면 그에 걸맞은 플러스 에너지로 변화하지요.

언제나 처음 시작하는 생각 에너지는 작은 씨앗과 같아요. 같은 생각을 되풀이한다는 건 그 씨앗에 꾸준히 물을 주는 셈이지요. 또한 생각에 열정을 더하는 것은 씨앗에 비료를 뿌리는 것과 같아요. 열정이라는 비료를 많이 줄수록 생각도 쑥쑥 자라겠지요. 그렇게 해서 생각이 열매를 맺게 되면 우리가 원하는 일이 마침내 현실이 되는 겁니다.

강점에 초점을 맞추면 약점이 사라져

**할 수 있는 일을 바라보면
가능성이 열리게 마련이야**

대학교에 강의를 나갈 때였어요. 수업시간에 늘 뒷줄에만
앉던 남학생이 있었지요. 키도 크고 인물도 좋았는데 복학
생이라 다른 학생보다 나이가 두세 살 많았어요, 그런데 항

상 의욕이 없어 보였습니다. 그 나이 때 학생이라면 졸업 후 진로를 모색하는 일에 열중하기 마련인데 관심이 없어 보일 정도였어요.

어느 날 수업이 끝난 뒤 이런저런 이야기를 나누면서 보니 그는 전형적인 '마마보이'였어요. 혼자서는 아무 일도 못하는 마마보이 말이에요. 왜 그럴까 생각을 하다가 대화를 나누면서 그 이유를 알게 되었어요.

"어렸을 때예요. 엄마랑 실내 수영장에 갔었는데 저는 물이 겁났어요. 실내 수영장의 그 울림도 싫었고요. 엄마는 계속 들어가서 다른 아이들처럼 재미있게 놀라고 했는데 잘 안 되더라고요. 제가 주저하니까 엄마는 계속 저를 재촉했어요. 그러다 엄마가 갑자기 뒤에서 절 밀었어요. 저는 너무 놀랐고요. 다행히 튜브가 있어 몸은 붕 떴어요. 그걸 보더니 엄마가 '그것 봐. 괜찮잖아!'라고 하는 거예요. 괜찮기는 했지만 충격이었어요. 이후 저는 '난 누가 떠밀어줘야지만 할 수 있어'라고 생각하게 되었어요. 엄마도 그런 거 같아요. '우리 아들은 내가 떠밀지 않으면 혼자서는 어떤 일도 할 수 없어'라고요. 좋지는 않지만 엄마와 저 모두 동의한 한계

였죠. 누가 떠밀어줘야 하는 태도는 고칠 수 있다고 생각하지만, 그조차도 누가 떠밀어줘야 할 수 있을 거 같아요."

늠름한 청년의 입에서 "누가 떠밀어주면 하겠다."는 소리가 나오다니 너무나 안타까운 일이었어요. 그는 매사에 자신감이 없고, **자신이 경험하는 모든 일을 부정적 시각으로 해석하곤 했죠. 그리고 하루에도 수십 가지의 일을 경험하면서 자신이 스스로 못한 일에만 생각을 모으곤 했어요.**

'난 역시 스스로는 어떤 일도 못해. 오늘도 스스로 한 일이 하나도 없거든.'

하지만 그건 사실이 아니에요. 하루에 스무 가지의 크고 작은 일을 했다고 치면, 그 가운데 적어도 열다섯 가지 이상은 스스로 한 일이거든요. 그런데 남이 시켜서 한 일 다섯 가지에만 초점을 맞추다 보니 '난 역시 스스로 못하는 게 맞아'라는 생각이 자꾸만 커지기 마련이에요.

그런 습관을 고치는 방법은 생각보다 간단해요. 부정적인 면만 바라본 탓에 부정적인 성격이 됐으니 거꾸로 긍정적인 면을 바라보면 긍정적인 성격으로 변하게 되는 거지요. 문제는 무기력증에 빠진 그로 하여금 어떻게 자발적으로 실천토록 하느냐였어요. 무기력증에 빠지면 강요가 정말 나쁜 처방이거든요.

"앞으로 한 달간 자신을 남이라고 가정해보면 어떨까요? 자신을 남이라고 생각하고 그가 어떻게 변화하는지 우리 둘이 함께 관찰해보는 겁니다."

그리고 자기 자신을 객관적인 눈으로 바라보면 놀라운 변화가 너무도 쉽게 일어난다는 사실을 자세히 설명해주었어요. 또 성과가 좋으면 성적에 반영해 주겠다는 말도 덧붙였지요.

의논 끝에 그는 스스로 실험계획을 세웠는데 그 실험은 무척 간단했어요. 호주머니에 메모지와 볼펜을 넣고 다니며 남이 시킨 게 아니라 스스로 한 일이나 행동이 있을 때마다 메모지에 동그라미를 그려 넣는 것이었지요. 그는 하루 일과가 끝나면 동그라미가 몇 개나 있는지 기록하기로 했어요. 그리고 나서 일주일마다 만날 때 그 기록을 내게 보여주겠다는 거였지요.

그는 자신의 의지에 따라 하는 모든 일들, 이를테면 아침에 일어나는 것, 옷을 입는 것, 식사를 하는 것, 누군가에게 전화를 거는 것 등을 모두 기록했어요. 그리고 그 기록을 살피며 스스로에게 놀랐지요.

'우와, 내가 생각했던 것보다 스스로 하는 일이 많네!'

동그라미를 보면서 그는 점점 재미가 생겼고 자신감도 늘어났어요. 또 동그라미를 늘리기 위해 자발적인 행동도 늘어갔지요. 그 결과 한 달 후에 그 학생의 마마보이 기질은 많이 없어졌고 자신감도 생겨났습니다. 이처럼 자신의 어떤 면에 초점을 맞춰 바라보느냐에 따라 성격도, 가치관도 달라지게 됩니다.

강점에 주목하면
강점이 쑥쑥 자란다

여러분은 미국의 시각장애인 가수 스티비 원더Stevland Hardaway

Morris를 아시나요? 〈isn't she lovely〉라는 곡으로 유명한 가수인데 그는 11살에 데뷔해서 1억만 장의 앨범을 판매할 정도로 많은 사람의 사랑을 받았습니다.

스티비 원더는 조산아로 태어나 인큐베이터 안에 있었어요. 그러다 관리자의 실수로 산소가 많이 공급되면서 시력을 잃게 되었지요. 그는 시각장애인으로 자라며 자신의 강점이나 가능성이 뭔지 정확히 알지 못했어요.

그러나 그는 눈이 보이지 않는 대신 뛰어난 청력을 가지고 있었어요. 그는 동전을 탁자에 떨어뜨리는 소리를 들으면 그게 몇 센트짜리 동전인지 맞출 수 있을 정도였지요. 미묘한 소리의 차이로 동전의 액수를 맞추는 거였어요. 스티비는 두 손으로 귀를 감싸 쥐고 손을 앞뒤로 움직이면서 소리가 가까워졌다 멀어졌다 하는 것을 감지하고 그에 집중했어요.

어느 날 학교에서 이런 일이 있었어요.

"야! 교실에 쥐가 나타났다!"

삽시간에 교실은 난장판이 됐고 모두 쥐를 잡기 위해 소란을 떨었지만 어디로 숨었는지 도무지 찾을 수 없었어요. 그때 조용히 앉아 있던 스티비 원더가 외쳤어요.

"그 쥐는 지금 벽장 속에 숨어 있어요!"

'아니, 그걸 어떻게 알지?' 반신반의하며 벽장 문을 열자 정말 쥐가 있었어요. 그리고 모두 그의 청력이 특별하다는 것을 알게 되었어요.

"너에겐 참으로 놀라운 능력이 있구나. 너의 귀는 정말 특별해!"

사람들의 이러한 평가는 스티비 원더의 인생을 바꿔 놓았어요. 원래 음악을 좋아했던 스티비 원더는 자신이 좋아하는 것에, 자신의 유일한 강점을 접목시켜 키워나가는 데 초점을 맞췄어요. 그리고 마침내 세계적인 팝 음악가로 성장했지요. 그것은 스티비가 가진 단 한 가지 강점을 파고들다 보니 그 강점이 점점 커져서 모든 약점을 뒤엎은 것이었어요.

사실 이런 이야기는 무궁무진하게 많아요. 자신의 분야에서 큰 성과를 이룬 사람들이 하는 이야기를 보면 부모님이나 친구, 선생님이 자신도 몰랐던 재능을 발견해주었기 때문에 이 일을 해낼 수 있었다고 고백하는 경우가 많습니다. 또 학교에 적응하지 못하는 학생들에게 가장 많이 하는 상담 코스가 '자신의 강점 찾아내기'예요.

왜 그럴까요? 재능을 발견하고 진로를 정해야 하기 때문일까요? 그것도 맞는 말입니다. 하지만 강점을 발견하는 것이 중요한 이유가 또 있어요. '할 수 있는 것'

'잘하는 것'을 찾아보고 발견하는 과정에서 자신을 들여다보고 긍정의 에너지를 불어넣을 수

있기 때문이에요.

가능성을 보는 시각,
상보성의 원리

아가씨의 옆얼굴로 보면 할머니가 안 보이고
할머니의 얼굴로 보면 아가씨가 안 보인다.

이 그림이 어떻게 보이나요? 아가씨로 보이나요? 아니면
할머니로 보이나요?

그림을 아가씨로 보면 할머니는 보이지 않아요. 그렇다
고 할머니가 머릿속에서 완전히 지워지는 것은 아니지요.
할머니의 이미지는 잠재하고 있다가 어느 순간 할머니로
보입니다. 그리고 이때는 아가씨가 보이지 않지요.

이 그림은 전체를 이루는 두 가지 현상이 서로 보완적 관계에 있다

는 것을 보여줍니다. 그리고 이것을 양자물리학에서는 '상보성의 원리(principle of complementarity)'라고 불러요.

이 상보성의 원리가 중요한 이유는 우리가 자기 자신을 바라볼 때, 또는 앞으로의 미래를 생각할 때 어떤 시각을 갖춰야 하는지를 알려주기 때문이에요. 예를 들어 TV에는 여러 채널이 있어요. 그런데 한 가지 채널을 보려면 다른 채널은 포기해야 하지요. 요즘에는 멀티 방송도 있지만 멀티 방송은 오래 보지 못해요. 그냥 이런 프로그램도 저런 프로그램도 있구나, 하는 정도로 참고만 할 뿐 제대로 시청을 하려면 반드시 한 가지 채널을 '선택'해야 하지요.

자신의 강점을 생각하는 것도 이와 같습니다. 똑같은 '나 자신'이지만 어떻게 생각하느냐, 어떻게 바라보느냐에 따라 강점이 보이기도 보이지 않기도 합니다.

'나에겐 약점밖에 없어'라는 생각이 들 때 자신에게 물어보세요.

'나에겐 정말 강점이 하나도 없을까?'

강점 없는 사람은 이 세상에 존재하지 않습니다. 다만 강점과 약점이 서로 숨바꼭질할 뿐이죠. 그리고 작은 강점을 찾아 거기에 초점을 맞추면 강점이 점점 더 커져서 약점을 덮어버리게 됩니다.

내 능력을 키워 주는
'공명의 법칙'이란 게 있어

긍정적 파동 에너지끼리 만나야 해

스위스 과학자들이 재미있는 실험을 했어요. 그들은 T자형
방을 10만 번씩 자동으로 오가는 로봇을 만들었어요. 그러
니까 확률대로라면 T자형 가운데 왼쪽과 오른쪽 방을 각각

5만 번씩 오가겠지요. 여기서 과학자들은 색다른 시도를 했어요. 오른쪽 방에 작은 병아리 수십 마리를 가져다 놓은 거예요.

병아리나 오리새끼들이 알에서 깨어난 뒤 맨 처음 본 것을 어미로 생각한다는 이야기는 아마 들어봤을 거예요. 이 병아리들은 부화하자마자 6일간 하루 1시간씩 로봇이 있는 방에서 놀도록 했기 때문에 로봇을 엄마로 인식하게 되었어요. 당연히 병아리들은 자신들의 방에 로봇이 다가오자 일제히 '삐약삐약' 하면서 요란하게 울어댔어요. 그러자 아주 신기한 일이 일어났지요.

"아니, 이럴 수가! 로봇이 병아리 소리가 나는 쪽으로 더 많이 찾아가네!"

실험에 참여한 과학자들은 너무 신기해 입이 딱 벌어졌어요. 왼쪽 방과 오른쪽 방을 규칙적으로 오가도록 설계한 로봇이 병아리가 삐약거리는 오른쪽 방에 세 배나 더 오래 머물렀던 거예요. 그 이유를 알아보니 엄마를 찾는 병아리들의 순수하고도 강렬한 소리(파동)가 로봇에게 전달되었기 때문이었지요.

이처럼 물질마다 가지고 있는 고유한 파동은 서로를 끌어당기기도 하고 밀어내기도 해요. 이렇게 파동이 서로 끌어당기면서 상호작용하는 것을 '공명의 법칙'이라고 하지요.

움직이는 진동체들끼리 파동이 일고, 그 파동이 서로 교류하기 시작하면 에너지가 발생할 때가 있는데 이럴 때 기적과도 같은 놀라운 일이 벌어지는 거예요. 주파수가 맞는 진동체들이 서로 끌어당기면서 에너지가 합쳐져 폭발적인 에너지를 만들어내는 거지요. 그것은 기계나 동물에게만 해당되는 것이 아니에요. 사람도 마찬가지랍니다.

1831년 영국의 기병부대 병사들이 맨체스터 근처에 있는 현수교 브로톤다리를 행진하고 있었어요. 그들은 평소 훈련받은 대로 군가에 발을 맞춰 걸었어요. 그러자 조금씩 흔들리는 듯하던 다리가 점점 요동치더니 마침내 폭삭 무너졌어요.

영국 정부가 진상을 알아보려 조사했는데 조사 결과 다리에서 발생하는 자연적인 작은 진동이 공교롭게도 병사들의 발걸음 주파수와 맞아 떨어졌고, 그 순간 폭발적인 에너지가 발생했다는 겁니다. 그게 다리가 무너진 이유였어요. 그때부터 영국군은 '다리 위에서는 절대로 발맞춰 걷지 말 것!'이라는 규정을 만들었답니다.

프랑스 군대도 비슷한 사고를 겪었어요. 1850년 앙제다리를 478명의 병사가 행군하고 있었지요. 발을 맞춰 걷자 다리가 서서히 좌우로 흔들리기 시작했고, 이내 진동이 점점 커지더니 급기야 현수교를 떠받들던 케이블선이 뚝 끊어졌어요. 그 사고 때 병사 226명이 강 아래로 떨어져 숨졌다고 해요.

이 두 가지 사례를 한번 들여다봅시다. 저는 이렇게 생각해요. 만약 이 사람들이 군인이 아니었다면 그 엄청난 에너지가 나올 수 없었을 거예요. 군대라는 것은 목표가 같은 집단이거든요. 적과 싸워 이기는 게 바로 그 목표지요.

목표가 같은 사람들이 한꺼번에 모여 있으면서 공명을 일으킬 때 상상할 수 없을 정도로 큰 에너지가 발생할 수 있어요.

1등 하는 친구와
꼭 친하게 지낼 필요는 없어

제가 지금 앵커를 맡고 있는 프로그램은 MBC 라디오 '뉴스의 광장'이라는 프로그램이에요. 제가 진행하는 뉴스를 들으려면 우선 라디오 주파수를 91.9mhz에 맞춰야 해요. 이런 것도 공명의 원리지요.

그런데 사람들끼리도, 또 사람과 우주 사이에서도 라디오 주파수를 맞출 때와 마찬가지로 어떤 특정한 파동을 지속적으로 보내면 그에 응답하는 파동 에너지를 끌어올 수 있어요. 사람들끼리 이것을 시도해 보려면 두 사람 다 머릿속에 부정적 생각이 없어야 합니다. 그래야 서로의 주파수가 잘 맞춰질 수 있거든요.

우리가 끊임없이 '나는 한다, 할 수 있다, 할 거다!'라는 긍정적 파동 에너지를 흘려보낸다면 어디선가 이를 가능하게 하는 파동 에너지와 접속하게 됩니다. 그리고 정말 우연처럼 우리의 생각이 현실이 되는 순간이 오게 되지요. 반면 여러 가지 '부정적 생각'이 들어있으면 그와 유사한 부정적인 파동 에너지

와 공명이 되거든요. 우울증에 걸린
사람들을 관찰해 본 적이 있는데 딱
이런 모습이에요.

우리가 본받을 만한 롤모델이
나 나에게 도움이 되는 멘토
를 찾는 것 모두 긍정의 파동
에너지를 끌어오는 거예요.

우리가 머릿속에 있는 괴물을 잘
다스리지 못하면 부정적 생각의 지
배를 받지요. 그 생각과 마음은 곧
파동 에너지이고, 급기야는 다른 부정적 파동 에너지와 공
명을 일으켜 결국 헤어나지 못하곤 합니다. 이것은 우리가
'부정적 생각'을 만들어내는 괴물을 잘 다스려야 하는 이유
이기도 해요.

어떤 학생이 이런 질문을 했어요.

"그럼 1등 하는 친구와 친하게 지내면 그 친구와 주파수
를 맞춰서 '강력한 에너지'를 만들어낼 수 있지 않을까요?"

그 질문에 대해 이런 대답을 들려주고 싶어요. 1등 하는
친구라고 해서 다 좋은 파동 에너지를 가진 것은 아니라고
요. 공부를 잘하는 학생 중에도 머릿속의 괴물을 다스리지
못하고 꾹꾹 눌러놓고 지내는 친구들이 많이 있거든요. 이

런 친구들은 공부 의지는 아주 강하지요. 그러나 좋은 에너지를 만들 수는 없어요.

얼마 전 상사의 괴롭힘 때문에 우울증으로 자살한 젊은 엘리트 검사의 이야기가 뉴스를 통해 알려졌어요. 아마도 그 사람은 공부는 늘 1등이었겠지요. 그러나 괴물을 다스리는 법을 알지 못했어요. 그저 꾹꾹 누르다가 괴물에 져버린 거지요.

그럼 누구와 주파수를 맞추는 게 좋겠냐고요? 저처럼 아인슈타인과 맞추는 게 어떨까요? 제가 이렇게 조언하는 이유가 따로 있어요. 우리는 지금 너무 좁은 시야 속에서 살고 있거든요. 시야가 넓어져야 지능을 깨우고 머리를 변화시킬 수 있어요.

이스라엘에 텔아비브 대학이라는 곳이 있어요. 이스라엘에서 가장 큰 규모의 대학인데 굉장히 많은 연구가 쏟아져 나오는 곳이에요. 텔아비브 대학의 심리학자 리버만Nira Liberman 교수가 한 실험이 있어요. 시야와 지능의 관계에 대한 실험이었어요.

실험의 대상은 초등학교 저학년생이었어요. 처음에는 책상 위의 연필을 사진 이미지로 보여줍니다. 그다음에는 책상 전체를 보여주고, 그다음에는 교실을 보여주고 또 그다음에는 학교 건물을 보여주고 그렇게 지구, 태양계, 은하계까지 사진 이미지를 보여주며 시야를 넓히는 방식이었어요.

책상 위의 연필 → 책상 전체 → 교실 → 학교 건물 → 학교 근처 지도 → 학교가 있는 도시의 지도 → 전국지도 → 세계 지도 → 지구 → 태양계 → 은하계

이번에는 실험의 방향을 바꾸었어요. 은하계부터 시작해 점점 좁아져서 책상 위의 연필까지 시야를 좁혀본 거예요.

은하계 → 태양계 → 지구 → 세계 지도 → 전국지도 → 학교가 있는 도시의 지도 → 학교 근처 지도 → 학교 건물 → 교실 → 책상 전체 → 책상 위의 연필

그랬더니 시야가 점점 넓어지는 사진 이미지를 본 아이들이, 좁혀지는 사진 이미지를 본 아이들보다 창의력 테스

트에서 월등히 우수한 결과가 나온 거예요.

저는 이 실험에서 많은 영감을 얻었어요. 왜냐하면 우리의 지능이 고정된 것이 아님을 증명하는 또 하나의 사례이기 때문이에요. 그리고 리버만 교수도 실험이 끝나고 나서 이렇게 결론을 말했어요.

"지능은 고정된 게 아니다. 시야를 넓힐수록 무한히 늘어난다."

제가 영감을 얻은 것은 시야가 확대되는 지점이에요. 우리는 지금 너무 좁은 시야 속에 살고 있어요. 내 옆에 친구들, 부모님, 학교 쌤들, 학원 다니는 학생이라면 학원 쌤들. 이러한 내 시야에 아인슈타인을 끌고 들어와 그와 주파수를 맞춰 보는 거예요. 그러면 내 시야가 당연히 넓어질 수밖에 없고, 그에 따라 내 머리 밖에 있는 지능도 가져올 수가 있어요.

1등 하는 친구를 일부러 사귈 필요가 없는 이유가 또 하나 있어요. 1등 하는 친구 성적과 자신의 성적을 비교하지 않을 자신이 있으면 괜찮아요. 그런데 '나는 그 애와 달라, 나는 나일 뿐'이라고 생각하고 싶어도 그런 친구가 곁에 있으면 자꾸 자신의 성적과 비교하게 되거든요.

어른들의 경우도 마찬가지예요. 미국 인구조사국이나 파리 경제대학의 설문 조사에서 보면 친한 친구와의 소득 격차가 가장 우울한 일이라고 해요. 그건 학생들 심정도 마찬가지 아닐까요? 친한 친구와의 성적 격차가 우울하지 않으리라는 법은 없지요. 이건 괴물을 꾸준히, 강도 높게 자극하는 일이에요. 그러니 비교가 되는 친구와 일부러 친하게 지낼 필요는 없어요.

실험을 통해 부정적 생각을 깨보자

실험 1
: 생각 에너지 직접 체험하기

생각이란 단순히 머릿속에서 이루어지는 것이 아니라 에너지가 된다는 것을 직접 경험해볼까요? 지금 할 실험은 생각만으로도 물체를 움직일 수 있다는 것을 보여주는 실험이에요.

1920년대 프랑스 장 자크 루소 연구소의 심리분석학자 보두엥Charles Baudouin 교수가 학생들에게 생각의 힘을 보여주기 위해 고안해냈던 것이에요. 이거 하고 나면 혹시 초능력자가 된 기분이 들지도 모르겠네요.

준비물
종이, 펜, 실, 동전 크기의 물건

방법
1. 종이에 원과 십자형 직선을 최대한 크게 그리고,
2. 십자 직선과 원둘레가 만나는 지점에 A, B, C, D를 표시해요.
3. 준비한 실 양 끝에 펜과 동전 크기의 물건을 매단 다음,
4. 물건을 종이에 그린 원의 정 가운데 위치하게 하고 펜을 잡아 봐요. 이때 물건은 종이 위에서 3~5cm 떨어뜨려야 해요.
5. 손을 움직이지 말고 A-B선을 생각해봐요. 몇 분 후 매단 물건이 A-B선을 따라 조금씩 왔다갔다 왕복운동을 시작할 거예요. 혹시 잘 안 되더라도 계속 집중하다 보면 될 거니까 계속 집중을!!
6. 이번엔 C-D선만 생각해봐요. 매단 물건이 잠시 후 멈췄다가 방향을 바꿔 C-D선을 따라 왕복운동을 시작할 거예요.
7. 난이도를 높여 봐요. 동그라미를 생각해봅시다. 물건이 멈췄다가 동그라미를 그리며 움직이기 시작할 거예요.
8. 흔들리는 물건을 멈춰볼까요? '멈춘다. 멈춘다.' 그럼 몇 분 후 정말 물건이 멈추기 시작하지요.

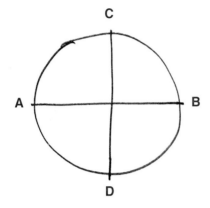

    실험을 할 때, 매단 물건을 '의지'로 움직이려 들면 움직이지 않을 거예요. 선에만 집중해야 해요. A-B선의 경우라면 눈동자를 A점에서 B점까지 선을 따라 움직이는 거예요. 잘 안 되더라도 포기하지 말고 물건이 움직일 때까지 선을 따라 시선을 움직이는 것을 반복해 보세요. 선을 생각하는 횟수, 눈이 선을 따라가는 횟수와 함께 강도도 중요해요. 눈동자만 선을 따라 왔다 갔다 한다고 되는 게 아니거든요. 눈동자(생각)를 빨리 움직일수록 물건의 왕복운동도 빨라지지요.

    A-B선에서 C-D선으로 바꿀 때 물건이 금방 방향을 바

꾸진 않아요. 방향을 바꾸는 데는 시간이 걸리는 게 당연하지요.

흥미롭게도 이 실험의 원리는 꿈을 성취할 때의 원리와 매우 비슷해요. 즉 소원하는 것(물건을 움직이고자 하는 방향)에 대한 열정이 강할수록 결실(움직이는 것)도 그만큼 더 빨리 맺어지거든요. 그리고 움직이는 방향을 바꿀 때도 시간이 걸렸듯 소원하는 것을 떠올린다고 해서 즉각 이뤄지지는 않지요.

실험 2
: 고정관념 넘어서기

종이 위에 아홉 개의 점을 찍어 봐요. 뒤에 있는 그림처럼 3행 3열로 해보는 거예요. 그리고 펜을 떼지 않고 네 개의 직선만으로 모든 점을 연결해 봐요.

처음 시도해보는 거라면 아마 시간 좀 걸릴 거예요. 대부분의 사람이 그렇거든요. 한구석에 놓인 점에서 시작해 직선 네 개를 긋고 나면 꼭 점 한 개가 남거든요. 여러 가지 방법으로 해도 해도 안 되면 스트레스가 쌓이기 시작하고, 끝내 좌절하게 되지요. 자, 문제가 안 풀린다고 스트레스받지 말고 제 이야기를 한번 들어봐요. 이야기 속에서 힌트를 찾게 될 거예요.

미국 샌디에이고의 한 호텔 사장은 10층짜리 호텔을 15층으로 높여서 짓기로 했어요. 그리고 건물 꼭대기 층에는 시내가 훤히 내려다보이는 멋진 레스토랑과 넓은 회전식 전망대를 만들 계획이었어요. 그런데 그곳을 오갈 엘리베이터가 문제였어요.

'꼭대기 층에 오가는 사람들이 많아지면 엘리베이터도

크게 만들어야 할 텐데.'

그래서 생각해낸 방법이 각 층마다 방을 하나씩 트는 거였어요. 그러자니 객실은 객실대로 줄고 공사비는 공사비대로 엄청나게 불어나는 거예요. 사장은 난감했어요. 내로라하는 전문가들이 머리를 맞대고 고민에 고민을 거듭했지만 영 묘안이 떠오르지 않았어요. 그런데 어떤 벨보이가 지나가는 말로 이렇게 중얼거리는 거예요.

"엘리베이터를 꼭 건물 안에다 설치해야 되나? 건물 밖에 설치하면 안 되나?"

그래! 엘리베이터를 반드시 건물 안에 지어야 한다는 법은 없지요. 하지만 그때까지만 해도 엘리베이터는 모두 건물 안에만 지어왔으니 건물 밖에 엘리베이터를 지을 수 있다는 생각은 어떤 전문가도 못 했던 거예요.

그 벨보이 덕분에 샌디에이고의 엘 코르테스 호텔은 세계 최초(1956년)로 엘리베이터를 건물 밖에 지었어요. 사람들은 언덕 위에 높이 세워진 호텔의 유리 엘리베이터를 오르내리며 아름다운 해안을 내려다볼 수 있었지요.

혹시 그래도 잘 모르겠어요? 답을 보면 "아~, 저렇게 쉬운걸!” 하고 머리를 긁적이게 될 거예요.

　이 문제를 풀지 못했던 건 기존의 생각의 틀 속에서만 생각했기 때문이에요. 사람들은 마음속으로 아홉 개의 점 안쪽으로만 선을 그으며 끙끙대지요. 생각의 폭을 아홉 개의 점 밖으로 넓히면 너무나 쉬운 문제인데요.

　우리는 문제를 꿰뚫어보지 못하고 문제 속에 갇혀서 쩔쩔매는 경우가 아주 많답니다. 발상을 전환하면 쉽게 해결할 수 있는데 말이에요.

　또 스스로 한계를 미리 정해놓고 살아가는 경우도 참 많아요. '난 할 수 없어'라고 지레 자신의 생각에 한계를 그어놓으면 그 한계 내에서만 맴돌게 될 뿐이죠. 평범함에서 비범함으로 나간 사람들은 모두 이 한계의 선을 미련 없이 끊어버린 사람들이에요.

생각이 현실에
힘을 발휘하는 실험

아주 쉬운 실험 하나 해봅시다. 우선 지금 눈을 감은 채 다른 어떤 생각은 모두 해도 좋으니 흰곰만은 절대 생각하지 말아 봐요. 1분쯤 그렇게 해봐요. 어때요? 흰곰이 눈앞에서 자꾸 어른거리지 않나요?

이처럼

생각은 억누를수록
더욱 솟아오른답니다.

그러니까 아이러니가 아닐 수 없어요. 그래서 심리학자들은 이를 '아이러니 효과' 라 부르지요.

아이러니 효과는 추를 움직일 때도 나타나요. 심리학자

인 웨그너^{Daniel Wegner}가 한 실험이 있는데, 그는 실 끝에 작은
추를 매달아 놓고 사람들에게 말했어요.

"추가 바닥에 그려진 점 위에 오도록 실을 잡고 계세요.
추가 움직이지 않도록 하세요. 특히 주의할 점은 추가 앞뒤
방향으로 움직이면 절대로 안 된다는 겁니다."

이 말이 사람들에게 어떤 효과를 미쳤는지 짐작이 가지
요? 맞아요. 웨그너의 지시와는 정반대로 추는 점점 앞뒤로
흔들리기 시작했어요. 좌우로 흔들리는 추는 없었어요. '추
를 앞뒤로 움직이면 절대 안 된다'는 생각을 억누르다 보니
되레 그 생각이 자꾸만 더 떠오르는 거였어요. 그 생각이
점점 강해지다 보니 몸도 따라 움직이게 된 것이지요. 결국
추를 앞뒤로 움직이는 팔 근육까지 가동됐지 뭐예요.

추가 앞뒤로 흔들리게 하지 않으려면 '추는 가만히 멈춘
다'라고 생각했어야 해요. 우리가 앞에서 했던 실험처럼 말
이지요.

어릴 때 친구들과 보도블럭 가장자리를 따라 걷는 장난
을 해본 적이 있을 겁니다. '떨어지면 안 돼. 떨어지면 안
돼…' 이렇게 되뇌며 걷다 보면 더 잘 떨어져요. '떨어지면

안 된다'는 생각을 억누를수록 오히려 그 생각이 거세게 일어나서 결국 떨어지게 되는 거지요. 그래서 고소공포증 환자들은 절대로 높은 곳 가장자리에 서서는 안 돼요. 왜냐하면 실제로 위험하기 때문이에요. '무서워. 떨어지면 안 돼'라는 생각이 거세게 일면서 다리근육이 가장자리를 향해 정말로 움직이게 되거든요. 생각이 어떻게 육체와 현실에 힘을 발휘하는지, 이제 확실히 알았을 거예요.

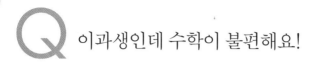

Q 이과생인데 수학이 불편해요!

저는 이과생이에요. 중학교 때까지는 막연하게 문과 지망이었다가 진로 문제를 구체적으로 고민하게 되면서 첨단 분야의 엔지니어가 되고 싶어 이과를 지망하게 되었어요.

그런데 문제는 수학이에요. 수학을 아주 못하는 것은 아니지만, 늘 부담스럽게 느껴져요. 아예 수학을 못 했다면 이과는 쳐다보지도 않았겠지요. 그런데 문과생처럼 입시가 끝나면 수학과 자동으로 이별하는 것도 아니고 공대에 진학하면 입시 수학과는 비교도 안 되는 어려운 수학이 기다리고 있을 텐데, 계속 이렇게 수학과 불편하게 지낼 순 없을 것 같아요.

엄마에게 이야기했더니 그럴 거면 뭐하러 이과를 지망했냐고 짜증만 내시고요. 수학이 재미있다는 친구도 있는데 부럽기도 하고 그렇지 못한 저에게 화가 나기도 해요. 학원에 다녀보기도 했지만 불편한 건 마찬가지였어요. 수학과 친해질 수 있는 방법을 찾고 싶어요.

불편함은 두려움 때문이고 두려움과 싸워 이기는 방법은 딱 하나밖에 없어요!

이과생인데 수학이 불편해 힘들겠어요. 해결 방법이 없는 건 아니에요. 그런데 해결책이 딱 하나밖에 없다는 문제가 있죠.

학생의 마음속엔 수학에 대한 두려움이 있어요. 그것을 꺼내서 내 눈앞에 놓은 다음 정확히 봐야 해요. 적당히 감추어 놓으면 학생이 걱정하는 것처럼 공대에 진학해서도 계속 불편할 거예요. 이건 심각한 문제예요. 수학이 불편한 엔지니어가 어떻게 행복하게 일할 수 있겠어요. 두려움과 싸워 이기는 방법은 정면승부 하나밖에 없어요. 감추어 놓으면 이길 수가 없거든요.

우선 눈앞에 어떤 빈 공간을 설정합니다. 어디든 좋지만 단, 아무것도 없어야 합니다. 비어 있어야 해요. 운동장도 좋고, 바닷가 모래사장도 좋습니다. 풀밭도 좋고, 사막도 좋습니다. 하늘도 좋고, 바다도 좋습니다. 그렇지만 드론이 나르는 하늘이나, 수영복 입은 사람들이 왔다 갔다 하는 바다는 안 됩니다. 아무것도 없이 비어 있어야 합니다. 이제 그것을 내 머릿속이라고 생각합니다. 그 공간을 가만히 들여다봅니다.

그러다 보면 진짜 내 머릿속에 저절로 공간이 생깁니다.

그 공간에 무슨 생각이 떠다니나요? 나는 공대에 가야 하는데 수학이 재미있지 않아 화가 난다는 생각? 공대에 진학해도 못 따라가면 어쩌나 하는 걱정? 그 생각을 그냥 바라봅니다. 그렇게 바라보면 그 생각은 사라집니다. 그 생각이 끈질기고 집요해서 또 떠오른다면 또 바라보면 됩니다. 그러한 과정 속에서 수학에 대한 나의 불편한 마음이 실체가 없다는 것을 알게 됩니다. 그러면 그때부터 마음이 아주 편안해질 것입니다. 한 번으로 안 되면 두 번 해보고, 두 번 해서 안 되면 세 번을 하면 됩니다.

그렇게 여러 번 마음과 마주하다 편안해질 때 다시금 수학과 만나보기를 권합니다. 아마도 전과는 다른, 넓은 수용력을 가진 내가 수학이라는 심오한 학문의 세계와 마주하고 있다는 걸 느끼게 될 겁니다.

과학적인 방법으로 목표 달성하기

꿈을 향한 항법장치

RAS

지금 주위를 한번 천천히 둘러보세요. 자, 그럼 이번에는 '파란색'을 생각하면서 다시 한 번 주위를 둘러보세요. 아마도 파란색으로 된 물건이나 파란색이 들어 있는 물건이 의

외로 많다는 사실에 놀랐을 거예요.

어느 한 가지에 초점을 맞춰 생각하면 전에는 안 보이던 것들이 갑자기 눈에 들어옵니다. 어떤 한 가지에 생각을 정하는 순간, 모든 에너지가 거기에 모여드는 거지요.

이번엔 다음 글을 한 번은 빨리, 한 번은 천천히 읽어봅시다. 아래 영문은 원문이에요.

캠리브지대학의 연결구과에 따르면, 한 단어 안에서 글자가 어떤 순서로 배되열어 있는가 하것는은 중하요지 않고, 첫째번와 마지막 글자가 올바른 위치에 있것는이 중하요고 한다. 나머지 글들자은 완전히 엉진창망의 순서로 되어 있지을라도 당신은 아무 문없제이 이것을 읽을 수 있다. 왜하냐면 인간의 뇌는 모든 글자를 하나 하나 읽것는이 아니라 단어 하나를 전체로 인하식기 때이문다.

Aoccdrnig to a rscheearch at Cmabrigde Uinervtisy, it deosn't mttaer in waht oredr the ltteers in a wrod are, the olny iprmoetnt tihng is taht the frist and lsat ltteer be at the rghit pclae. The rset can be a toatl mses and you can sitll raed it wouthit porbelm. Tihs is bcuseae the huamn mnid deos not raed ervey lteter by istlef, but the wrod as a wlohe.

위의 글은 한글 맞춤법이나 영문 철자 모두 엉망진창이지만 신기하게도 무난히 읽어낼 수 있었을 거예요. 그건 글을 이해하고자 하는 목적을 가지고 글자들을 편집해서 보았기 때문이죠.

우리가 이렇게 할 수 있는 것은 뇌 밑 부분에 있는 새끼손가락만 한 크기의 '자동 목표 추적 장치' 덕분이에요. **전문용어로는 RAS, '망막활성화시스템(Reticular Activating System)'이라고 합니다. 망막활성화시스템은 우리에게 꼭 필요한 정보만 걸러내 알려주는 여과장치이자 뇌 속의 안테나인 셈이지요.**

우리는 매일 무의식적으로 이 RAS를 이용하면서 살고 있어요. 수많은 소음 속에 살면서도 적당히 견뎌낼 수 있는 것, 소음 속에서도 내게 필요한 소리만 들을 수 있는 것, 신문기사나 책에서 내가 필요한 정보만 골라 볼 수 있는 것도 다 이 시스템 덕분이지요. 만약 뇌에 이런 시스템이 없다면 우리 뇌는 혼란 상태에 빠지거나 터져버릴지도 몰라요. 그리고 아무리 복잡한 상황에 있더라도 관심 있는 것이 있거나 사랑하는 대상이 있다면 그것만 보이기도 하지요.

왜 그럴까요?

사람들은

'꽂히면 그것만 자꾸 눈에 보인다'

는 이야기를 많이 합니다. 저와 같은 팀에서 일하는 후배가 하루는 이러더군요.

"부장님, 거 참 이상해요. 요즘 거리에 와인색 소나타 차가 왜 이렇게 많죠?"

실제로 거리에 와인색 소나타 차가 많아진 건 아니었어요. 그 후배는 얼마 전부터 '와인색 소나타 차를 사야겠다'고 생각하고 있었어요. 그리고 그런 목표에 따라 RAS가 그의 시야에 와인색 소나타를 자동으로 끌어당겨 주었고 후배는 그것을 보고 많아졌다고 여긴 거지요.

RAS는 1초에 1억 펄스의 신경 펄스를 초고속으로 분류해 중요한 정보는 뇌에 저장하고 관심 없는 것은 버려요. 그래서 평소에 어떤 생각과 목표를 갖고 있는지가 중요하답니다.

우리에게 분명한 목표가 필요한 건 이 때문이에요. 분명한 목표만 갖고 있으면 목표달성에 필요한 정보를 자동으로 걸러내 잠재의식에 입력시킬 수 있거든요.

목표를 갖는다는 건 곧 RAS에게 "이러이러한 정보를 찾아서 내게 알려주렴." 하고 말하는 것과 같아요. 그래서 거짓말처럼 때가 되면 목표가 이뤄지는 거랍니다.

목표를 잘게 자르거나
잠재의식에 투영시키기

워싱턴 특파원으로 일하던 시절, 저는 미국 태권도의 대부인 한국인 이준구 마스터를 인터뷰한 적이 있었어요. 그는 무하마드 알리, 이소룡 그리고 미국 전·현직 국회의원 300여 명에게 태권도를 가르쳐 미국인들에게는 그랜드 마스터(Grand Master)로 불립니다.

운동을 해서도 그렇겠지만 그의 몸은 나이를 짐작하기 어려울 만큼 탄탄했어요. 아니나 다를까 태권도 말고도 꾸준히 운동을 하고 있다고 하더군요. 그는 하루에 팔굽혀펴기를 천 번씩 하는 것이 목표라고 했어요. 제가 놀라서 "연속으로요?" 하고 물었더니, "100번씩 나눠서요."라고 하더군요.

그가 이렇게 '하루에 팔굽혀펴기 1,000번'이라는 목표를 정해놓고 하는 이유가 뭘까요? 그냥 하고 싶을 때 최선을 다해서 열심히 하는 것과 무슨 차이가 있을까 궁금해서 다시 물었습니다.

"그렇게 목표치를 정해놓고 하는 게 그냥 하는 것과 다른 가요?"

"그럼요. 다르고말고요. 정해둔 목표가 없으면 그날 기분 내키는 대로 하게 됩니다. 처음 시작할 때는 열심히 하다가 나중에 흐지부지되는 경우도 많고요."

그러면서 운동을 중단하지 않고 지속적으로 하려면 반드시 '하루에 몇 번'이라는 목표치를 정해야 한다고 조언해주었습니다.

그날 이후 저도 목표를 좀 더 뚜렷하게 세워놓고 운동을 해보았어요. 특파원 시절 저는 워싱턴 교외의 아파트에서 살았는데 우선 아파트 단지를 한 바퀴 도는 데 몇 분이나 걸리는지 재어 보았어요.

'한 바퀴 도는 데 7분 걸리는군. 일곱 바퀴 돌면 49분이네. 하루에 딱 일곱 바퀴씩 돌자!'

목표를 세밀하게 세워놓으니 그다음부터는 운동을 거르는 일이 거의 없어졌어요. 그래서 3년 내내 하루에 최소한 일곱 바퀴씩 돌게 되었어요.

그전에 목표를 세워놓지 않고 운동할 땐 기분이 내키지

않으면 건너뛰기도 하고, 그래서 운동하겠다는 의지가 자꾸 꺾이곤 했어요. '저번에도 안 했는데 또 한 번 안 하면 어때?' 이런 생각을 하게 됐으니까 말이에요.

최근에 스탠퍼드 대학 연구진이 조사 발표한 게 있는데, 만보계를 차고 걷는 사람들이 그냥 걷는 사람들보다 하루 평균 2,000보나 더 걷게 된다고 합니다. 혈압이나 체중도 당연히 낮았고요.

선명한 목표를 세워놓고 운동하는 것과 그냥 하는 것 사이에도 이렇게 큰 차이가 난답니다. 공부도 운동과 다르지 않아요.

공부에도 매우 구체적이고 사소한 목표가 필요합니다. 일상의 작은 목표가 선명할수록 달성될 확률이 높아지니까요.

퀸스 대학의 케네스 파카Kenneth Parker 박사는 어느 날 자신이 가르치는 학생 60명에게 다음과 같은 솔깃한 제안을 했어요.

"여러분에게 아주 간단한 방법으로 성적을 올릴 수 있는 실험을 해보도록 할까요?"

학생들은 서로 얼굴을 보며 웃었어요.

'아니, 그런 게 있단 말야?'

파카 박사는 일주일에 세 차례씩 학생들에게 순간노출기를 보여 주었어요. 순간노출기란 두뇌는 인식하지 못하도록 하되, 잠재의식만 인식하도록 하는 장치예요. 보통의 컴퓨터 스크린에 간단한 메시지가 담긴 글자를 1,000분의 몇 초 정도 재빨리 보여주는 방식으로 실험이 진행되었어요. 학생들은 세 그룹으로 나뉘어 다음과 같은 메시지를 보았어요.

그룹 1 : '엄마와 나는 하나다 Mommy and I are one'

그룹 2 : '교수와 나는 하나다'

그룹 3 : 별 의미 없는 메시지

한 학기가 끝날 무렵 세 그룹의 성적을 비교해 보았더니, 다음과 같은 결과가 나왔어요.

그룹 1 : A

그룹 2 : B

그룹 3 : C

실험 결과 '엄마와 나는 하나다'라는 메시지를 주입 받은 학생들이 가장 좋은 성적을 받았어요. 그건 왜일까요? 무의식에 '사랑'이라는 감정이 투영되었기 때문이에요. 사랑은 사람의 마음을 열어 주는 역할을 하지요. 활짝 열린 마음으로 공부를 하니 성적이 좋을 수밖에요. 또 '교수와 나는 하나다'라는 메시지가 잠재의식에 투영된 학생들도 효과를 보았어요. 교수의 머리에 있는 정보가 옮겨온다는 생각을 했거든요.

우리는 이 실험에서 힌트를 얻을 수 있어요. 내게 제일 힘든 과목이나 성적을 올려야 하는 과목에 똑같은 방법을 사용해 보는 거예요.

수학 성적을 올려야 한다면 '수학과 나는 하나다.', 영어 성적을 올려야 한다면 '영어와 나는 하나다.' 이런 방식이에요.

이 방법을 실제로 응용한 사례가 있어요. 알래스카 대학의 테리 마하니^{Teri Mahaney} 교수는 성적 부진으로 극심한 스트레스를 받던 한 학생에게 '응용수학과 나는 하나다.', '지질학과 나는 하나다.'라고 반복적으로 생각해보도록 하여 해당 과목에서 좋은 성적을 얻었다는 사례를 발표했거든요.

'왓칭'으로 시험 망치는 일 없애기

시험을 망친다는 것은
멘탈의 문제

학부모들이 두려워하는 것 중의 하나가 자녀가 시험을 망치는 거예요. 원래 공부를 안 했던 아이가 시험을 잘 못 본다면 그건 당연하다 생각해요. 그런데 평소에 열심히 하는 것으로 보였던 아이가 시험을 망쳤다는 말을 하게 되면, 그리고 여학생의 경우 자신의 방에 들어가 문 걸어 잠그고 엉엉 울기라도 하면 엄마의 속 타는 마음은 뭐라 표현하기도 어려워요.

그럼 시험을 망치는 일은 왜 일어날까요? 또 시험을 잘 봤다고 하는 것은 어떤 상태를 말하는 걸까요? 시험을 잘 봤다는 것은 자신이 공부한 만큼의 성과가 나왔거나 아니면 그 이상의 플러스알파가 나왔다는 뜻이고요. 시험을 망쳤다는 것은 자신이 정확히 아는 부분에선 문제가 나오질 않고 애매하게 공부한 부분이나 찜찜하게 넘어갔던 부분에서 문제가 다 출제된 상황이죠. 이러면 정말 멘탈이 부서지거나 털리는 상황이 될 수밖에 없겠지요. 이유가 어떻든지 시험을 망쳤다는 것은 멘탈이 흔들렸다는 뜻이에요.

그런데 왓칭을 하게 되면 단언컨대 시험을 망치는 일은 없어요.

시험을 망치게 되는 이유는 지금 시야가 매우 좁아져 있기 때문이에요. 시야가 좁아지니, 마음의 공간이 닫혀버리지요. 이 책 맨 앞에서 사진 이미지로 보여준 것처럼 사람의 몸을 둘러싸고 있는 마음의 공간이 닫혀버리는 거예요. 닫힌 공간은 답답

할 수밖에 없어요. 닫힌 공간에선 답답한 마음의 물결이 일게 되지요. 그러니 그동안 했던 공부들이 눈앞에 선명하게 보이지 않아요. 뿌옇게 보일 뿐이에요.

또 시험을 자주 망치는 사람들은 시험 불안증을 가지고 있다는 뜻이에요. 시험 불안증은 왜 생길까요? '시험을 망치면 끝장이다'라는 생각이 시험을 '위험'으로 인식하게 하거든요. 그러면 시험지는 '위험물'이 되고 마음의 공간은 꽉 닫혀버려요.

이 문제의 처방은 '마음의 공간을 열어 주는 것'이에요. 그런데 도대체 마음의 공간을 어떻게 열어줄 수 있을까요?

시험 준비와 병행하는
구체적인 마인드 컨트롤

펜실베이니아 대학의 가브리엘 외팅겐Gabriele Oettinggen 교수는 대학생 136명을 세 그룹으로 나눈 뒤 각기 다른 방법으로 문제를 풀게 했어요.

그룹 1: 문제가 이미 풀렸다고 상상한다. 고민하던 문제가 풀려 기뻐하는 자신의 모습을 상상한다.

그룹 2: 현실적으로 부정적인 면만 생각한다. 문제를 풀려고 할 때 마주칠 수 있는 걸림돌 등만 생각한다.

그룹 3: 문제가 이미 풀렸다고 상상한 뒤, 현실의 부정적인 면과 대조해본다. 즉 문제가 이미 풀린 미래의 시점에서 홀가분한 마음으로 현실의 걸림돌을 생각해본다.

어떤 방법이 가장 효과적이었을까요?

그룹 1: 문제가 이미 풀렸다고 상상한다. → 성공률이 가장 낮았다.

그룹 2: 현실의 부정적인 면만 생각한다. → 성공률이 두 번째로 낮았다.

그룹 3: 문제가 이미 풀렸다고 상상한 뒤, 현실의 부정적인 면과 대조해본다. → 성공률이 단연 최고였다.

그룹 1의 방법은 왜 성공률이 낮았을까요? 문제가 이미 풀렸다고 상상하면 긴장이 풀리거든요. 그러면 마음의 공간도 열리지요. 하지만 곧 의심이 스며들게 돼요. 사실이 아닌 걸 사실이라고 상상하기 때문이에요. 의심을 품기 때문에 다시 마음의 공간이 닫혀요. 그렇다면 그룹 3의 방법이 가장 효과적인 이유는 뭘까요? 문제가 이미 풀렸다고 생각하면 그룹 1의 방법처럼 일단 마음의 공간이 열려요. 그런 다음

'걸림돌이 있는데 어떻게 풀었지?'

하고 부정적인 면을 들여다보는 거예요. 그러면 문제를 풀기 위한 구체적인 방법을 찾아보게 되지요. 아까와 다른 점은 구체적으로 바라보기 때문에 의심이 끼어들지 않아요.

이처럼 마음의 공간이 열려진 상태로 문제를 풀면 마음의 공간이 닫혀진 상태로 풀 때보다 훨씬 더 쉽게 풀릴 수밖에 없어요. 마음의

공간이 열려 있어야 문제를 푸는 데 필요한 더 많은 지능을 받아들일 수 있기 때문이에요.

알파파는 기억력을 높여 공부에 도움이 됩니다. 알파파는 스트레스가 없는 편안한 상태일 때 가장 잘 나타나는데 '왓칭'을 통해서도 만날 수 있어요.

시험 준비를 하는 학생들이 책상에 앉아 해볼 수 있는 간단한 '마인드 컨트롤' 방법을 소개합니다. 이 방법은 뇌파 연구의 권위자가 검증한 과학적인 방법이에요. 여기서 알파파는 고도의 집중 상태에서 나타나는 주파수를 말해요.

1 두 눈 사이의 공간을 상상한다. → 즉각 알파파가 생긴다.

2 두 귀 사이의 공간을 상상한다. → 즉각 알파파가 생긴다.

3 머리에서 발끝까지 공간을 상상한다. → 즉각 알파파가 생긴다.

4 벽과 벽 사이의 공간을 상상한다. → 즉각 알파파가 생긴다.

그다음 눈을 감고 '왓칭'하며 마인드 컨트롤하는 방법을 소개합니다.

1 '내 마음속엔 지금 어떤 생각이 있지?' 하고 가만히 들여다본다. 들여다보면 생각이 사라진다.

2 다른 생각이 또 떠오르면 똑같은 방법으로 공간 속을 들여다본다. 그럼 또 사라진다.

3 생각이 사라지면 '다음 생각은 어디서 떠오를까?' 주시한다. 텅 빈 공간이 계속된다.

이번엔 눈을 뜨고 '왓칭'하며 마인드 컨트롤하는 방법을 소개합니다.

1 시야를 최대한 넓혀 넓은 공간 전체를 바라본다. 육안의 초점을 완전히 풀고 힘도 완전히 뺀다. 육안으로 보지 않고 마음의 눈으로 본다고 상상한다.

2 시야를 넓히면 마음의 공간이 넓어져 갇혀 있던 생각들이 풀려나간다.

3 텅 빈 공간에 또 어떤 다른 생각이 떠오르는지 지켜본다. 지켜보고 있으면 아무 생각도 안 떠오른다.

숲 속에 사는 한 강아지가 슬픔에 잠겨 있었어요. 하루는 우연히 '거울의 집'이라는 곳에 들어섰어요. 그런데 이게 웬일인가요? 사방에서 슬픈 강아지들이 자신을 바라보고 있었어요.

'아, 세상은 오로지 슬픔으로 가득 찬 곳이로구나!'

강아지는 아까보다 더욱 슬픈 얼굴로 어깨를 축 늘어뜨린 채 '거울의 집'을 나섰어요.

숲 속에 사는 두 번째 강아지는 세상에 대한 분노와 좌절로 가득 차 있었어요. 하루는 우연히 '거울의 집'에 들어갔어요. 그런데 이건 또 웬일인가요? 사방에서 분노와 좌절로 가득 찬 강아지들이 자신을 노려보고 있는 거예요.

'아니, 저것들이 왜 나를 째려보고 있는 거지? 아주 나쁜 것들이네!'

강아지는 화가 치솟아 거울 속의 강아지들을 쏘아 보았어요. 그러자 거울 속의 강아지들도 지지 않고 더 화난 표정을 지었어요. 강아지는 아까보다 더욱더 분노에 가득 찬 얼굴로 '거울의 집'을 뛰쳐나왔답니다.

숲 속에 사는 세 번째 강아지는 기쁨으로 가득 차 있었어요. 신이 나서 꼬리를 흔들며 '거울의 집'에 들어섰어요. 그런데 이건 또 웬일인가요? 사방에서 수백 마리의 강아지들이 꼬리를 흔들며 자신을 반기는 거예요.

'오, 세상은 오로지 기쁨으로 가득 찬 곳이로구나!'

강아지는 자신이 세상에 태어난 것 자체가 축복이라고 생각했어요. 자신을 반겨주는 강아지들이 가득하니 아무 걱정이 없었어요. 아까보다 더 행복한 표정으로 '거울의 집'을 나섰습니다.

이야기 속의 강아지는 누구일까요? 바로 '나 자신'입니다. 그리고 '거울의 집'은 지금 입시 준비를 하고 있는 내 눈앞의 현실입니다.

내 마음이 두려움으로 가득하면 눈앞의 현실도 두려움으로 돌아옵니다. 내 마음이 분노와 좌절로 가득하면 눈앞의 현실도 분노와 좌절로 돌아옵니다. 내 마음이 기쁨으로 가득하면 눈앞의 현실도 기쁨으로 돌아오지요. 내가 마음속에서 보는 모든 것들은 어김없이 내 눈앞의 현실로 투사됩니다. 내 마음속의 생각은 내 현실을 실행시키는 프로그램이기 때문이에요.

입시 준비를 하는 일은 거기에만 초점을 맞춰 살아야 하기 때문에 시야가 좁아지고, 시야가 좁아지는 만큼 마음의 공간이 닫히기 쉬운 조건입니다. 그러나 마음의 공간이 닫히게 되면 그 마음속에는 불안과 걱정의 물결이 가득하여 멘탈이 흔들리고, 멘탈이 흔들리면 입시에 성공하지 못하는 악순환의 길로 들어서기 쉽습니다.

이제 우리는 그러한 악순환으로부터 자신을 충분히 구해낼 수 있습니다. 아무쪼록 지금 이 순간, 어제와는 다른 자신을 만날 수 있게 되길 바랍니다.

Finale

책의 맨 앞, 인트로에서 소개했던 고성능 에너지장 카메라로
찍은 또 다른 여성의 사진을 봅니다.
여성을 둘러싼 컬러는 '마음의 공간'을 보여주는 것입니다.
이 여성의 공간은 밝은 색깔로 채워져 있습니다.
밝은 생각으로 가득하다는 뜻입니다.
여성의 표정이 밝습니다. 어둡지 않습니다.
그래서인지 그녀를 둘러싼 마음의 공간은 여러 가지
컬러가 균형 있게 존재합니다.
지금 이 여성의 멘탈은 매우 균형 있는 상태일 것입니다.

여러분은 모두 다 자신의 멘탈을
단단하게
잘 지키고 싶을 것입니다.
어둠이나 우울함이
끼어들길 바라지 않을 것입니다.
자신의 멘탈이 깨지고, 털리고,
가루가 되는 것을
원하는 사람은 없습니다.

그렇지만 '내 마음이 내 몸 안에 있다'라고 생각하면
마음의 공간은 닫혀있게 됩니다.
마음의 공간이 닫혀있으면
어두운 생각들이 끊임없이 끼어듭니다.
숨어있기에 딱 좋은 곳이 되거든요.
문제는 어두운 생각이 숨어든
닫힌 마음은 공부를 제대로 받아들이지 못한다는 겁니다.

그렇다면 나의 닫힌 마음을
활짝 열어야겠지요?

'내 몸은 내 마음속에 있다'고
생각해 보세요.
'우리 집도, 학교도, 지구도, 모두 내 마음속에 있다'고
생각해 보세요.
닫혀있던 마음의 공간이 마술처럼 활짝 열립니다.
마음의 공간이 열리면 그동안 생각의 층에 갇혀
보이지 않던 사랑이 비로소 존재를 드러냅니다.
그 사랑 속에 내가 이루고 싶은 모든 것이 있습니다.

사진제공
연합뉴스 : 6, 8, 11, 83, 179쪽

'왓칭'으로 만나는 기적의 결과
흔들리지 않는 공부 멘탈 만들기

1판 1쇄 발행 2016년 9월 20일
1판 4쇄 발행 2022년 5월 25일

지은이 ∣ 김상운

메이킹 스태프
기획 및 프로듀싱 ∣ 안소연
편집 ∣ 이윤희
디자인 ∣ 고희선
표지 일러스트 ∣ 강소영
본문 일러스트 ∣ 장미영

출판 브랜드 움직이는서재
주소 ∣ 서울특별시 마포구 양화로 7길 6-16 서교제일빌딩 201호
주문 및 문의 전화 ∣ (02)332-5281
팩스 ∣ (02)332-5283

발행인 ∣ 주정관
발행처 ∣ 움직이는서재
출판등록 ∣ 제2015-000081호

ISBN 979-11-86592-35-9   43190